Georg Betz

Was die Chefsachen sind,
damit mehr Himmel auf Erden wird

Nicht du wirst das Werk vollenden,
aber ohne dich wird es nicht vollendet

Aus dem Talmud

Georg Betz

Was die Chefsachen sind,
damit mehr Himmel auf Erden wird

© 1. Auflage 2003
Herausgeber: Dr. Georg Betz, Elsternhain 2,
93180 Deuerling
Druck und Verlag: Vormals Manzsche Buchdruckerei
und Verlag, Regensburg

ISBN-Nr. 3 - 925346 - 30 - 9

Inhalt

Vorwort 7

An welchem Projekt es zu arbeiten gilt 10
Zum Ziel aller Ziele christlichen Managements

Was die wirklichen Chefsachen sind 18
Zum Aufgabenprofil von Leitung im kirchlichen Dienst

Wie sich Entscheidungen auch noch treffen lassen 27
Zum Spezifikum christlicher Gemeinde- und Unternehmensführung

Welche Rolle in welchem Stück Leitung zu geben hat 37
Vom Ist und Soll kirchlicher Dienstgemeinschaft

Wenn die Lage zum Himmel schreit 47
Von Zusagen und Anweisungen für schwierige Zeiten

Welchen Kurs das Boot nehmen soll 56
Zum Koordinatensystem für kirchliche
Profilierungsversuche

Damit das Miteinander wächst und gedeiht 67
Zur Gestaltung der internen Unternemens-
kommunikation

Wer ganz groß rauskommen möchte 81
Zum Kernpunkt christlicher Führungsphilosophie

Damit für alle mehr rausspringt 91
Von der Ökonomie der anderen Art

Was alle kennen und wissen sollen 101
Vom „minimal point" kirchlicher Personal- und
Organisationsentwicklung

Wenn welche notorisch foul spielen 110
Zum Umgang mit Quertreibern und Störenfrieden

Wie der Himmel auf die Erde kommt 121
Über die Veränderung von Unternehmenskultur

Vorwort

Wer wissen will, wohin er gehen soll, muss wissen, woher er kommt, sagt eine afrikanische Weisheit. Ich teile sie und denke dabei besonders an all jene, die in Gesellschaften, Unternehmen und Vereinen, in Verbänden und Gemeinden auf Leitungsposition Führungsverantwortung tragen.

Wenn sie gelegentlich Rückschau halten und sich zu Bewusstsein rufen, woher ihre Organisation und woher sie selbst kommen, aus welchen Anfängen und welcher Geschichte, wächst Orientierung, ihre eigene und die ihrer Umgebung, des kleinen oder großen Bereiches oder „Hauses", dem sie vorstehen. Gerade in kritischen Zeiten ist das Herkunfts- und Zielbewusstsein der „Häuptlinge" zukunftsentscheidend für den ganzen Stamm.

Das gilt alles ohne Abstriche auch für die „Mutter Kirche" und ihre vielen „Filialen", gleich ob sie sich nun Kirchengemeinde oder Diözese, Evangelisches Altenheim oder Katholisches Krankenhaus oder Behindertenwerk, kirchliche Schule oder Frauengemeinschaft, Caritasverband, Diakonieverein oder Ordensgemeinschaft nennen.

Welches Profil sie entwickeln, welchen Geist sie ausstrahlen, welchen Weg sie nehmen - das hängt entscheidend von der Qualität ihrer „Führungskräfte" ab. Die wiederum speist und formt sich wesentlich aus den „Geschichten", „Bildern" und „Nachrichten", den „Lehren", „Botschaften" und „Informationen", der geistigen Kost, die sie zu sich nehmen.

Fürs Führungspersonal im kirchlichen Dienst liegen seit langem ganz eigene, „himmlische" Geschichten und Bilder, Botschaften und Nachrichten bereit, Erzählungen und Informationen aus den biblischen Anfängen alles Kirchlichen und Christlichen, aus dem Schatz des „Wortes Gottes".

Ich versuche im Folgenden, ein paar davon in Erinnerung zu bringen und fürs christliche Management heute zu erschließen - aus meiner Sicht und ohne jeden Anspruch auf Vollständigkeit, als Denkanstoß und, so hoffe ich, auch als Impuls zum Gespräch unter Führungskräften kirchlicher Einrichtungen und Gemeinschaften.

Weil in der Leitungsschicht christlicher Unternehmen und Gruppierungen auch anderes zu Gehör und in den Blick kommen muss als das Übliche, Gängige, wenn sie ein eigenes Gesicht und einen eigenen Charme behalten oder wiedergewinnen sollen.

Und weil in kritischen Zeiten bei der Suche nach zukunftsfähigen Antworten und (Aus-)Wegen nichts weiter voranbringt als „back to the roots" zu gehen und sich von dort her inspirieren zu lassen.

An welchem Projekt es zu arbeiten gilt

Zum Ziel aller Ziele christlichen Managements

So spricht Gott, der Herr: Jetzt will ich meine Schafe selber suchen und mich selber um sie kümmern. Wie ein Hirt sich um die Tiere seiner Herde kümmert an dem Tag, an dem er mitten unter den Schafen ist, die sich verirrt haben, so kümmere ich mich um meine Schafe und hole sie zurück von all den Orten, wohin sie sich am dunklen, düsteren Tag zerstreut haben.

Ich führe sie aus den Völkern heraus, ich hole sie aus den Ländern zusammen und bringe sie in ihr Land. Ich führe sie in den Bergen Israels auf die Weide, in den Tälern und an allen bewohnten Orten des Landes.

Auf gute Weide will ich sie führen, im Bergland Israels werden ihre Weideplätze sein. Dort sollen sie auf guten Weideplätzen lagern, auf den

Bergen Israels sollen sie fette Weiden finden.

Ich werde meine Schafe auf die Weide führen, ich werde sie ruhen lassen - Spruch Gottes, des Herrn. Die verlorengegangenen Tiere will ich suchen, die vertriebenen zurückbringen, die verletzten verbinden, die schwachen kräftigen, die fetten und starken behüten. Ich will ihr Hirt sein und für sie sorgen, wie es recht ist.
Ezechiel 34, 11 - 16

Nein, von der „Leitung" oder dem „Management" christlicher Verbände, Unternehmen, Gemeinden oder Kongregationen redet dieser Abschnitt aus dem Buch Ezechiel nicht, jedenfalls nicht unmittelbar, und schon gar nicht von der Leitung und dem Management kirchlicher Betriebe, Pfarreien oder Ordensgemeinschaften anfangs des 21. Jahrhunderts nach Christus.

Er hat anderes zum Thema, Größeres, er greift weiter aus. Vom Willen Gottes handelt er, von Gottes Vorhaben, und das bezogen auf längst vergangene Tage, auf Zeiten nochmals fast rund 600 Jahre vor Christus. Zwischen 592 und 571, sagen die Experten, hat der Prophet Ezechiel für Gott die Stimme erhoben, als Rufer in der Wüste.

597 vor Christus war er zusammen mit dem damaligen

König Jojachim und vielen anderen aus seinem Volk in die Verbannung nach Babylon verschleppt worden. Jahre dauerte das Exil bereits. Die anfängliche Hoffnung auf baldige Rückkehr war einer deprimierenden Stimmung gewichen. 586 waren auch noch Jerusalem und der Tempel zerstört worden. Israel schien am Ende.

In dieser Situation sagt Ezechiel den Verbannten Gottes rettendes Eingreifen an. Er stellt ihnen die Wiederherstellung des Volkes um den neu erbauten Tempel in Aussicht. Darauf bezieht sich das „Jetzt" am Anfang der Gottesrede im 34. Kapitel des Buches.

Längst vorbei, könnten wir jetzt abwinken, graue Vorzeit. Aber diesen und viele andere Texte aus längst vergangenen Tagen mutet die Kirche tagaus tagein unseren Ohren zu. Nicht hauptsächlich, um uns zu berichten, was früher mal zwischen Gott und der Welt und mit dem Alten Israel geschah. Davon alleine hätten wir heute wenig, angesichts u n s e r e r Fragen und Probleme.

Nach dem urchristlichen Glauben transportieren biblische Texte Überzeitliches. Danach wäre also auch der Gottesrede im Ezechiel-Buch immer Bleibendes, Geltendes, immer Richtungsweisendes zu entnehmen, beispielsweise zu den Fragen: Worum geht es Gott? Was will er? Worauf zielt sein Sinnen und Trachten? Was ist sein großes Ziel?

Bei Ezechiel können wir hören: Es geht Gott mit aller Leidenschaft um den Wiederaufbau Israels, seines Volkes. Das ist sein Ziel. Die Trennung und Zerstreuung der Israeliten zu beenden, sie wieder zusammenzuführen und zu einer unter den anderen Völkern wahrnehmbaren Gemeinschaft zu vereinigen und ihr jene Form und Zukunft zu geben, die er ihr zugedacht hat, darauf zielt sein Wille.

Wir sind damit beim großen Thema der Bibel. Wie viele, viele andere Stellen von der Abraham-Geschichte bis zum Ende der Geheimen Offenbarung bringt es auch das Ezechielbuch zu Gehör: Gott geht es nicht nur um Eucharistiefeiern, Lieder und eine engagierte fachlich und menschlich gute Armenfürsorge. Sein erstes und wichtigstes Projekt heißt „Israel". Er will „Volk Gottes" herstellen. Und wenn es sich verlaufen und verloren hat, will er es wieder sammeln, wie ein Hirte seine Herde.

Jesus hat mit diesem uralten Projekt des biblischen Gottes nicht im geringsten gebrochen. Er greift es vielmehr auf, setzt alles daran, es zu realisieren. Sammlung und Einigung Israels, Wiederherstellung des Volkes Gottes in der ihm von Gott ursprünglich zugedachten Qualität - das ist ohne Abstriche genau auch seine Sache. Dementsprechend zeichnen ihn die Evangelien in Anspielung an die alttestamentlichen Bilder als Hirten der Seinen, als Sammler und Versammler, Zusammenführer und Einiger, Bildner und Formgeber seines Volkes.

Für alles, auf dem „christlich" oder „kirchlich" draufsteht, gibt es darum von den biblischen Grundlagen her bis heute als erste und hauptsächliche Vorgabe das Ziel: Israel, Volk Gottes, Gemeinschaft Jesu Christi, zusammengeführt aus der Zerstreutheit, eine Herde mit IHM als Hirten.

Nochmals: Von der Leitung oder dem Management kirchlicher Verbände oder Unternehmen, Gemeinden oder Kongregationen redet der Abschnitt aus dem Buch Ezechiel nicht, unmittelbar nicht. Aber heißt das, der Abschnitt habe den Inhabern von Leitungsfunktion im kirchlichen Raum nichts zu sagen?

Immerhin handelt er von Gottes großem Anliegen, Vorhaben, Thema, Projekt, Ziel. Das geht Leitung und Management in den kirchlichen Unternehmen, Organisationen, Gemeinden, denke ich, schon an. Immer. Auch im 21. Jahrhundert können sie sich nicht außerhalb des Willens Gottes bewegen. Der gibt allem Kirchlichen und Christlichen die bleibende Ausrichtung vor.

Nicht Nächstenliebe, nicht Krankenhilfe oder Liturgie, nicht einfach Verkündigung, Bruderdienst oder Gebet heißen die Hauptbegriffe im kirchlichen Raum, so wichtig sie darin sind. Der erste und zentrale Leitbegriff heißt:

Sammlung Israels, Aufbau der Gemeinde Jesu, Wiederherstellung des Volkes Gottes in der von Gott gewollten Form und Qualität.

Aus der Warte der Bibel meint das immer: in anderer, alternativer Form und Qualität als üblich und normal. Mit „Israel", dem Volk Gottes, verbindet sie wie ein durchgängiger roter Faden von Anfang bis zum Ende die Vorstellung eines faszinierenden Kontrasts zum Gängigen, eine Andersartigkeit, die das Volk Gottes zum unübersehbaren Lichtblick in der unheilvollen Welt macht, zu einem Stück Paradies auf Erden, einer neuen Schöpfung, zum Ort und Raum der besseren Welt, und so zum Werbeträger für den wahren Gott und zum Lernmodell für die anderen Völker.

Mit seinem Projekt Israel zielt Gott die Errichtung der endlich richtigen, wahrhaft menschlichen Gesellschaft an, die zum Ausgangspunkt der Rettung und Heilung der ganzen Welt werden soll. Wenn Ezechiel Gottes Initiative zur Sammlung und Wiederherstellung seines Volkes ankündigt, dann stellt er nicht einfach die Restauration eines Volkes in Aussicht, wie es viele andere gibt. Sammlung und Wiederherstellung Israels heißt bei ihm: (Wieder-)Profilierung des Volkes Gottes zur Alternativgesellschaft mit einem unübersehbar himmlischen Gesicht und Charme.

Wo immer kirchlich oder christlich draufsteht, hat dies

die Richtschnur zu sein. In den Ordinariaten, den Pfarrgemeinderäten und an der Spitze von Ordensgemeinschaften, in der Leitung kirchlicher Schulen und Kindergärten, christlicher Krankenhäuser, Altenheime, Sozialstationen und Behinderteneinrichtungen, im Management der Diakonie und der Caritas hat es immer um das eine zu gehen: Volk Gottes (wieder)herzustellen, zu bauen und zu bilden, wahrnehmbar, sichtbar, hörbar, schmeckbar, in der von Gott gewollten, faszinierend anderen, wahrhaft menschlichen Form und Qualität.

Nicht dass wir diese Volk-Gottes-(Wieder-)Herstellung und Profilierung mit viel gutem Willen und Einsatz einfach machen könnten. Das wäre ein großer Irrtum. Wenn wir Ezechiel genau zuhören, dann ist es letztlich Gott selber, der sein Volk sammelt und zu neuer, lebendiger, attraktiver Form bringt.

Aber so ganz ohne Menschen läuft es nicht. Gott hat keine Hände, keine Füße, keinen Mund zur Sammlung und Formung Israels. Er bedient sich dazu der Menschen, damals z. B. des Ezechiel. Und er braucht dazu auch heute Menschen als Hirten seiner Herde. Insofern redet der Ezechieltext doch auch über „Leitung" und „Management". Selig alle Ordinariate, Gemeinden, Verbände und Betriebe im großen Stamm der Christen, deren Ober- und Unterhäuptlinge Ezechiels Aussagen öfter auf ihre ureigene Aufgabe hin durchmeditieren.

Im übrigen: So weit weg sehe ich Ezechiels Zeiten von den unseren nicht. Klagen heute nicht viele, dass „Kirche" und „Glaube" in der Krise steckten, Caritas und Diakonie ihres Profils und ihrer Identität verlustig gingen und in katholischen oder evangelischen Krankenhäusern, Altenheimen oder Sozialstationen der christliche Geist verdunste?

Nein, zum Jubeln sind die Zeiten nicht, dort, wo „kirchlich" draufsteht oder ein Heiligenname, eher zum Weinen wie damals, „on the rivers of Babylon". Geografisch lebt das Christentum natürlich nicht im Exil. Aber daheim scheint es wahrlich auch nicht zu sein in seinen Gemeinden, Verbänden, Unternehmen.

Mal angenommen, Leitung hört in dieser Lage aus dem Mund Ezechiels auch noch: Jetzt! Heute! Wir! Unser Haus! Gott will uns hier zusammenführen, neu beleben und einen! Er will uns bessere Zukunft geben!

Auf geht's, krempeln wir die Ärmel hoch!

Was die wirklichen Chefsachen sind

Zum Aufgabenprofil von Leitung im kirchlichen Dienst

Jitro, der Priester von Midian, der Schwiegervater des Mose, hörte, was Gott alles an Mose und seinem Volk Israel getan und wie der Herr Israel aus Ägypten herausgeführt hatte. Da nahm Jitro, der Schwiegervater des Mose, Zippora mit sich, die Frau des Mose - Mose hatte sie wieder zurückgeschickt -, und ihre beiden Söhne ... Jitro der Schwiegervater des Mose, kam mit dessen Söhnen und dessen Frau in die Wüste am Gottesberg, wo Mose gerade lagerte ...

Am folgenden Morgen setzte sich Mose, um für das Volk Recht zu sprechen. Die Leute mussten vor Mose vom Morgen bis zum Abend anstehen. Als der Schwiegervater des Mose sah, was er alles für das Volk zu tun hatte, sagte er: Was soll das, was du da für das Volk tust? Warum sitzt du hier allein, und die vielen Leute müssen vom Morgen bis zum Abend vor dir anstehen? Mose antwortete seinem Schwiegervater: Die Leute kommen zu mir, um Gott zu befragen. Wenn sie einen Streitfall haben, kommen sie zu mir. Ich entscheide dann ihren Fall und teile ihnen die Gesetze und Weisungen Gottes mit.

Da sagte der Schwiegervater zu Mose: Es ist nicht richtig, wie du das machst. So richtest du dich selbst zugrunde und auch das Volk, das bei dir ist. Das ist zu schwer für dich, allein kannst du es nicht bewältigen. Nun hör zu, ich will dir einen Rat geben, und Gott wird mit dir sein. Vertritt du das Volk vor Gott! Bring ihre Rechtsfälle vor ihn, unterrichte sie in den Gesetzen und Weisungen, und lehre sie, wie sie leben und was sie tun sollen. Du aber sieh dich im ganzen Volk nach tüchtigen, gottesfürchtigen und zuverlässigen Männern um, die Bestechung ablehnen. Gib dem Volk Vorsteher für je tausend, hundert, fünfzig und zehn! Sie sollen dem Volk jederzeit als Richter zur Verfügung stehen. Alle wichtigen Fälle sollen sie vor dich bringen, die leichteren sollen sie selber entscheiden. Entlaste dich, und lass auch an-

dere Verantwortung tragen! Wenn du das tust, sofern Gott zustimmt, bleibst du der Aufgabe gewachsen, und die Leute hier können alle zufrieden heimgehen.

Mose hörte auf seinen Schwiegervater und tat alles, was er vorschlug. Mose wählte sich tüchtige Männer in ganz Israel aus und setzte sie als Hauptleute über das Volk ein, als Vorsteher für je tausend, hundert, fünfzig und zehn. Sie standen dem Volk jederzeit als Richter zur Verfügung. Die schwierigeren Fälle brachten sie vor Mose, alle leichteren entschieden sie selber.

Exodus, 18, 1 - 3 b; 5; 13 - 26

Wie im richtigen Leben: Mose, mit seinem Volk der Unterdrückung in Ägypten entkommen, unterwegs in der Wüste, erhält Besuch. Sein Schwiegervater überrascht ihn. Er hat Moses Frau und Söhne mitgebracht. Offenbar lebt die Familie Mose getrennt, aber das im besten beiderseitigen Einvernehmen. Kommt eben vor, sogar bei den ganz Großen.

Vielleicht war es auch gut so. Denn die Arbeit und ein geordnetes Familienleben hätte Mose bei seinem Arbeitsstil wohl kaum unter einen Hut bringen können. Es gibt sehr viel zu tun in der Führung des Unternehmens „Volk Gottes". Zu viel für einen allein, findet Jitro.

Denn auch im Volk, das sich Gott geschaffen und dem er schon so viel Gutes erwiesen hat, geht es zu wie überall. Von morgens bis abends Konflikte, Probleme, Übergriffe, Gerangel um Vorteile, Streitereien. Die Leute stehen Schlange. Ein ziemlich zerstrittenes Völkchen zieht da durch die Wüste Richtung bessere Zukunft. Gegeneinander, Rivalität und Egoismus sind stark, Miteinander, Füreinander und Gemeinsinn schwach ausgeprägt.

Jitro fürchtet um die Gesundheit seines Schwiegersohnes, wenn das so weitergeht. Er sieht aber auch schwarz für das Volk, das Mose in Gottes Auftrag ins verheißene Land aus Milch und Honig führen soll, wenn die Aufgabe, die vielen Probleme zu lösen, nicht auf mehr Schultern verteilt wird.

Mose hört auf seinen Schwiegervater. Manchmal erkennen eben Außenstehende viel deutlicher, wo Sand im Getriebe knirscht. Entsprechend Jitros Vorschlag ordnet und strukturiert Mose das Unternehmen Volk Gottes um. Das kommt allen zugute, dem Volk und ihm.

Eine alte Geschichte. Sie wird heute gerne in Führungsseminaren aufgegriffen, und zwar hauptsächlich dann, wenn dem Prinzip der Delegation das Wort geredet wird. Jitro plädiert dafür, auch anderen Führungsaufgabe und Führungverantwortung zu übertragen, in größeren und kleineren Teilbereichen des Ganzen, und sie in diesen Zuständigkeitsräumen auch gewähren zu lassen.

In der Tat: Es ist eine Geschichte, die fürs Delegieren steht. Und weil es sich um eine aus dem Buch mit dem „Wort des lebendigen Gottes" handelt, mahnt sie an, das Abgeben, das Teilen, das Übertragen von Führungsvollmacht und Führungsverantwortung gerade im kirchlichen Raum sehr ernst zu nehmen, inklusive der starken Respektierung der dadurch geschaffenen Zuständigkeiten auf den „unteren Ebenen" seitens der jeweils höheren. Dauernd von oben nach unten einzugreifen und hineinzureden - das entspricht offensichtlich nicht der gottgewollten Ordnung seines Volkes. Mose - darauf läuft Jitros Empfehlung hinaus - soll den auszuwählenden Vorstehern auch zutrauen, dass sie ihre Sache gut machen, und sich möglichst aus deren täglichem Geschäft raushalten.

Mose, der große Führer Israels, praktiziert das offenbar. Von Zweifeln, es könnte schief gehen, wenn er nicht mehr überall mitspricht, ist in der Geschichte nicht die Rede. In der Wahrnehmung der übertragenen Aufgaben samt den dabei anfallenden Entscheidungen gewährt er Selbständigkeit, und damit einen Vorschuss an Vertrauen. Offenbar erkennt Mose das als Wille Gottes. Er ist lernfähig.

Die Erzählung vom Aufenthalt Jitros bei seinem Schwiegersohn scheint mir aber noch nicht ganz ausgeschöpft, wenn wir ihr nur den starken Delegationsimpuls entnehmen. Sie kann darüber hinaus auch einiges über die Kernaufgabe gerade von Leitung und Management im Volk Gottes zu verstehen geben.

Alle Leitung, die von Mose allein praktizierte, die in Jitros Delegationsvorschlag vorgesehene und die nach der Reform ausgeübte, läuft inhaltlich darauf hinaus, *Recht zu sprechen*. Mose tritt als Richter auf. Die *Vorsteher* im Vorschlag Jitros für die unterschiedlichen Volksteile sollen *jederzeit als Richter zur Verfügung stehen*. Und nachdem sie *als Hauptleute über das Volk* eingesetzt sind, üben sie Richterfunktion aus.

Leitung als Richterdienst? Der Gedanke mag zunächst befremden. Richter haben Menschen zum Tod verurteilt und an den Galgen oder auf den Elektrischen Stuhl gebracht. Richter verurteilen zu Gefängnis, Richter bestrafen. Diese Vorstellung von der Richterrolle ist weit verbreitet. Und sie soll nun Leitung im kirchlichen Dienst bestimmen?

Nein, die nicht. Der Verurteilungs- und Strafaspekt trifft nicht das ursprüngliche Ziel und die Kernaufgabe eines der ältesten Berufe der Menschheit. Richter arbeiten zuerst und hauptsächlich am Erhalt der richtigen Ordnung der Gesellschaft. Sie arbeiten gegen Zerrüttung, Verfall und Chaos an. Sie arbeiten an der Gerechtigkeit und am inneren Frieden des Volkes. Sie „richten" zusammen, was sich zu trennen und aufzulösen droht. So arbeiten sie letztlich am Aufbau und an der Einigung des Volkes, das immer vom Spaltpilz bedroht ist. Richter, so sie ihr Amt ernst nehmen, integrieren.

Das Volk, das Mose führt, leidet wie alle Völker an diesem Virus. Allen Gesellschaften, Organisationen, Betrieben, Unternehmen wohnt inne, dass die einen auf Kosten der anderen leben, die einen andere über den Tisch ziehen, ausnehmen, betrügen, missbrauchen, ausbeuten, verletzen, bedrohen, erpressen, fertig machen, an die Wand drücken, herabwürdigen, schikanieren, übervorteilen, kränken.

Mose kommt gar nicht nach, gegen die vielen Folgen des Virus anzukämpfen. Das Volk ist auf dem Weg, daran zugrundezugehen. So gesehen zielt Jitros Vorschlag auch darauf, diese Ordnungs- und Einigungsarbeit zu intensivieren und die notwendigen Integrationsanstrengungen zu verstärken, damit das Volk zu mehr Gemeinschaft wird und die Zu„Frieden"heit wächst.

Dazu braucht es eben mehr Richter. Jitro gibt auch klare Hinweise auf die Qualitäten, die sie haben sollen. *Tüchtig, zuverlässig, gottesfürchtig* sollen sie sein, und *nicht bestechlich*, nicht dafür anfällig, sich auf eine Seite ziehen zu lassen. Denn parteiische Richter streben nicht den Vergleich, die gütliche Lösung der Konflikte an, sie verschaffen den einen den Sieg über die anderen, um ihres eigenen Vorteils willen.

Vielsagend ist auch, worauf Jitro Mose Aufgabe in der Unternehmensleitung reduziert oder - besser gesagt - konzentriert: Mose soll als Erstes das Volk *vor Gott vertreten* und die Rechtsfälle vor ihn bringen. Mose wird auf die Klärung und Abstimmung der Volksbelange mit Gott, mit Gottes Willen, mit Gottes Verständnis von Recht und Unrecht angesetzt. Er hat sich sozusagen zuerst darum zu kümmern, dass der Betrieb auf dem Kurs Gottes bleibt. Die Identität des Volk-Gottes-Unternehmens hat er zu sichern, er selbst, mit großen Ohren für Gottes Vorstellungen.

Zweitens hat er für die Verbreitung der himmlischen Grundsätze und Leitlinien zu sorgen, für ihre Bekanntmachung und Verwurzelung im gesamten Betrieb, er selbst. Leitbildarbeit hat er als vorrangige Aufgabe, würde man heute vielleicht sagen. *Lehren, unterrichten*, was Gott will, das weist ihm Jitro im konzentrierten Aufgabenprofil zu.

Als Drittes hat er Mose die Suche nach geeignetem Führungspersonal ans Herz gelegt. Es steht nicht im Text, aber anzunehmen ist, dass Jitro damit mehr vorschwebt als ein einmaliger Akt. Einer wie Jitro, der die Zusammenhänge klar sieht, dürfte Mose nachdrücklich empfohlen haben, gerade auch die zur Führungsaufgabe Ausgewählten bei der Unterrichtung in Gottes Willen und Weisungen besonders zu schulen. Denn wenn die Hauptleute schon mal qualifiziert sind, ...

Und schließlich bleibt Mose als oberstem Richter, Integrator, Versöhner und Einiger seines Volkes noch die Aufgabe, in den ganz wichtigen Problemen, in den *schwierigen Fällen* selbst Hand anzulegen und Lösungen zu suchen, die allen Beteiligten und Betroffenen gerecht werden und dem Ganzen dienen.

So profiliert Jitro die Rolle, die Mose an der Spitze des Unternehmens Volk Gottes geben soll.

Alles nur eine nette biblische Episode? In unseren Gottesdiensten wird die Erzählung zum „Wort des lebendigen Gottes" erklärt, und protestlos sagen wir alle: „Dank sei Gott!" - Dank sei Gott wofür?

Für seine Hinweise auf die richtige, gute, gerechtigkeit- und friedenschaffende Ordnung und Führung in seinem Volk mit all seinen Gruppierungen und Unternehmen? Für die Anstöße zur Klärung der Rolle und Aufgabe aller Leitung in kirchlichen Unternehmen? Für die Lektion Führungswissen zum Wohl des Volkes Gottes, veranschaulicht an der großen Führungsfigur aus den Anfangstagen?

Wie sich Entscheidungen auch noch treffen lassen

Zum Spezifikum christlicher Gemeinde- und Unternehmensführung

In diesen Tagen ging er auf einen Berg, um zu beten. Und er verbrachte die ganze Nacht im Gebet zu Gott. Als es Tag wurde, rief er seine Jünger zu sich und wählte aus ihnen zwölf aus; sie nannte er auch Apostel. Es waren Simon, dem er den Namen Petrus gab, und sein Bruder Andreas, dazu Jakobus und Johannes, Philippus und Bartholomäus, Matthäus und Thomas, Jakobus, der Sohn des Alphäus, und Simon, genannt der Zelot, Judas, der Sohn des Jakobus, und Judas Iskariot, der zum Verräter wurde.

Lukas 6,12 - 16

Ein paar Zeilen nur. Man kann sie schnell überfliegen und auf das Fazit bringen: Jesus hat die zwölf Apostel ausgewählt. Punkt. Manche Frauen werden vielleicht noch sagen: Leider nur Männer. Typisch. So lief's halt und so läuft es noch. Punkt. Kennen wir alles schon. Wird ja so ziemlich jedes Jahr einmal am Sonntag vorgelesen, und werktags auch, wenn wir die Apostelfeste feiern. Weiter. Nächste Szene.

Weiter?

Nicht im Management des Volkes Gottes! Pfarrer, Direktorien, Domkapitulare, Priore, Ordinariatsräte, Vorstände, Präsidenten, Superindendenten, Leitende in kirchlichen Einrichtungen - bitte diese Szene nicht schnell abhaken! Es handelt sich hier um eine Personalentscheidung, um die Besetzung der künftigen Führungspositionen im noch kleinen Unternehmen Kirche.

Ja mehr noch, diese wenigen Zeilen des biblischen Films handeln von einer Unternehmensentscheidung Jesu von allergrößter Tragweite. Die Zahl 12 war für Jesus und seine Landsleute damals eine mit Bedeutungsgehalt, und zwar ziemlich großem: Jesu Volk, Israel, verstand sich als Gesellschaft aus zwölf Stämmen, die nach den zwölf Söhnen des Urvaters Jakob benannt waren.

Wenn Jesus zwölf Männer im Zwölf-Stämme-Volk auswählt, dann signalisiert er damit eine Art Neuausrichtung der Zielsetzung seines noch eher bescheiden daherkommenden Unternehmens. Er erklärt mit dieser Symbolhandlung, dass es ihm um ganz Israel geht und dass er sich ab sofort auf die Neuerrichtung des daniederliegenden, heruntergekommenen Volkes Gottes konzentriert.

Und das in einer Situation, in der es für ihn und sein kleines Bildungsunternehmen in der Anlaufphase - er war Rabbi, Wanderlehrer mit ein paar Auszubildenden - gar nicht gut aussah. Dunkle Wolken hatten sich schon über ihm und seiner Klasse zusammengebraut. Die Szene vor der Wahl der Zwölf endet mit dem Satz:

Da wurden sie von sinnloser Wut erfüllt und berieten, was sie gegen Jesus unternehmen könnten.
Lukas 6,11

Sie, das waren die Schriftgelehrten und die Pharisäer, bedeutsame Kreise im Volk Gottes damals. Das Treiben Jesu schien ihnen schon lange nicht mehr geheuer. Sie stellten ihm nach. Und nun hatte er sie auch noch im Synagogengottesdienst vor aller Öffentlichkeit, wie sie es empfanden, brüskiert.

In diesen Tagen der krisenhaften Zuspitzung trifft Jesus die Entscheidung, nicht zurückzustecken, aber auch nicht weiterzumachen wie bisher, sondern mit gleichsam noch höherem Anspruch. Eine ziemlich riskante Entscheidung, die er da trifft - in diesen Tagen, wo sich die Widersacher mehr und mehr formierten, um seinem jungen wachsenden Unternehmen ein Ende zu bereiten, bevor es ...

In diesen Tagen trifft Jesus allerdings seine strategische und personelle Entscheidung nicht einfach so, auf die Schnelle, gleichsam aus dem hohlen Bauch heraus. In diesen Tagen geht er zuerst auf den Berg, in Klausur, in die Stille, die Abgeschiedenheit. Nach reiflicher Überlegung trifft er die Entscheidungen, nach *Gebet zu Gott*.

Manchmal sind es im umfangreichen biblischen Film nur winzige Einsprengsel, Andeutungen in wenigen Worten, die es aber in sich haben. Sie wirken irgendwie mehr zufällig, fallen kaum auf, so dass sie Gefahr laufen, übersehen oder überhört zu werden. Jesus am abgelegenen Ort im Gebet - das ist ein solches typisches Einsprengsel in die viel ausführlichere Schilderung seines Tagesgeschäfts.

Es findet sich so oder so ungefähr an mehreren anderen Stellen des biblischen Films. Manchmal wirkt es scharf abgesetzt vom aufgeregten hektischen Betrieb um ihn. Als ob Jesus das boomende Geschäft um ihn herum geradezu satt hätte. Und meist folgt auf den Rückzug in die Stille eine folgenreiche Wendung des Geschehens - hier eben die Wahl der Zwölf.

Wer nach dem Spezifikum, dem Unterscheidenden kirchlicher Unternehmen bzw. ihres Managements sucht, sollte meines Erachtens den biblischen Film bei diesem typischen Einsprengsel anhalten. Jesus abseits des Tagesgeschäfts im Gebet - darin steckt eine heiße Spur für die Antwort auf die Frage nach dem Proprium samt wichtiger Information und Anfrage an die Inhaber von Leitungspositionen im Unternehmen Kirche, in welchem Unternehmensteil und auf welcher Ebene auch immer sie agieren.

Nicht dass kirchliche Werke und ihre Leitung die Nacht auch noch zum Tag machen müssten. Das ist sicher nicht die Botschaft und Anfrage des winzigen Einschubs. Auch Jesus braucht Schlaf und Ruhe und hat sie sich auch genommen. Gottes Wort missbilligt sogar das rastlose Schaffen, die ununterbrochene Produktion, auch die von Nächstenliebe. Er hat selbst „Urlaub" davon gemacht und das Ausruhen vom Alltag geheiligt.

Der Botschaft und Anfrage des Rückzugs auf den Berg *in diesen Tagen* sind wir auch dann noch nicht ganz nah auf der Spur, glaube ich, wenn wir nur hören, dass zu christlichen Unternehmen im Allgemeinen und ihrer Führungsschicht im Besonderen das Gebet gehört, so richtig das ist. Zu den Kurzformeln des christlichen Glaubens zählt seit langem die Wendung vom „ora et labora". Sie hat in Jesus und seinem Rückzug durchaus ihre Begründung.

Nur: Was meint „Beten"? Wir beten in der Kirche das

„Vater unser", Rosenkränze, Morgen- und Abendgebete, singen Kirchenlieder, jahrhundertealte und moderne, wir beten Fürbitten, Tagesgebete, Hochgebete, Schlussgebete, Segensgebete. Ordenschristen pflegen das Chor- und Stundengebet. Wir beten zu Tisch. Sicher, vieles mag da und dort keine Selbstverständlichkeit mehr sein und von Jahr zu Jahr zurückgehen. Manche reden von der Krise des Gebets. Gilt es also im Management christlicher Unternehmen, eine Offensive zur Rettung oder Vermehrung des Vater unser, des Rosenkranzes oder Stundengebets zu starten?

Das Lukasevangelium informiert uns nicht näher über den Inhalt der Gebetsnacht Jesu *in diesen Tagen*. Meist hören wir nicht, was und wie er gebetet hat. Aber der Einschub zwischen der Zuspitzung der Bedrohung für sein Unternehmen und der Wahl der Zwölf lässt begründetete Mutmaßungen über Jesu Beten zu.

Zum Beispiel die Mutmaßung, die kritische Unternehmenslage könnte Gegenstand des von Jesus gesuchten Gesprächs mit Gott gewesen sein. Oder die Mutmaßung, er habe seine persönlichen Ängste mit Gott durchgesprochen. Möglich, dass Verunsicherung das Thema war, die Frage etwa, ob Gott noch auf seiner Seite stehe angesichts der Ablehnung durch die Pharisäer und Schriftgelehrten. Immerhin waren sie fromme Leute, die auch die heiligen Schriften Israels kannten und ernsthaft Gottes Willen suchten.

Vielleicht war das Thema seiner Gebetsnacht auch der ihn schon länger umtreibende Gedanke: Er müsse seine Zielsetzung ausweiten oder noch deutlicher markieren, sich noch profilierter als Reformer Israels positionieren, als er es bis dato getan hatte, um einerseits weiteren Missdeutungen seines Anliegens zuvorzukommen, und andererseits die Anhänger und Sympathisanten oder die breite Mitte der Bevölkerung zu mobilisieren, die schließlich auf die große soziale Wende hoffte.

Möglich, dass die Personalfrage sein Thema war, die Frage, wen er für die Führungsmannschaft des Unternehmens auswählen sollte, und aufgrund welcher Kriterien. Und überhaupt, ob mit den paar Schülern, die er gewonnen hatte, das Unternehmen Erfolg haben könnte. Als sonderlich genial hatten sie sich ja nicht erwiesen.

Vielleicht hat Jesus auch all das zusammen ins Gebet zu Gott mitgenommen: die Ängste, Zweifel, Ideen und Überlegungen, die aus dem Tagesgeschäft erwuchsen, und die Frage, was jetzt zu tun sei in seinem kleinen Unternehmen, dem nach anfänglichen Erfolgen der Wind mittlerweile kräftig ins Gesicht blies.

Ich vermute, Jesus hat die Unternehmenslage mit Gott durchgebetet und mit ihm die Strategie sowie die nächsten Schritte beraten. Er wollte ergründen, wie der Vater im Himmel die Entwicklung sieht.

Gebet als Orientierungs-, Klärungs-, Entscheidungshilfe bei den betrieblichen Aufgaben, nicht als zur Arbeit beziehungsloses Geschehen, nicht als ritualisierte Gottesverehrung in Abtrennung vom Tagwerk? „Ora et labora" als zwei sich ständig berührende Gleise christlicher Unternehmen und christlichen Managements, nicht als säuberlich voneinander getrennte, wo auf dem einen, dem religiösen Gleis, Inhalte laufen, die auf dem anderen, dem Werktagsgleis, nicht vorkommen, ja vielleicht gar nicht vorkommen dürfen?

Ich glaube, Jesus hat beides in seiner Gebetsnacht integriert. Und genau in dieser Integration von „ora et labora", in diesem Versuch der Klärung und Deutung des werktäglichen Geschehens, der beruflichen Fragen und Pläne mit Gott und von Gott her liegt das Proprium, das Spezifikum, das Unterscheidende kirchlicher Unternehmen und ihres Managements.

Jesus hat „ora et labora" integriert, indem er sich der Frage gestellt hat: Vater, was ist deine Sicht der Dinge, deine Bewertung der Situation, dein Wille und Ziel jetzt? Und er hat darauf Antwort gesucht, indem er in der Stille der Nacht sein Wissen über den Gott und die Geschichte Israels, indem er seine Bibel auf Berührungspunkte mit seinen aktuellen Fragen, Emotionen, Überlegungen abgehört hat. Er hat den biblischen Film in seinem Kopf wachgerufen, die uralten Erzählungen, Lieder und Weisungen. Und es haben sich Parallelen und Bezüge eingestellt. Anhaltspunkte für Antworten und Zusagen.

Möglich, dass ihm dabei mancher Kritiker und Reformer in der Geschichte Israels in den Sinn kam, der auch nicht den Beifall der Frommen fand, mancher Prophet, dem sie auch das Handwerk legen wollten und der später bestätigt wurde. Möglich, dass ihm die eine oder andere Situation einfiel, in der nach menschlichem Ermessen ebenfalls so gut wie keine Chance bestand, David gegen Goliath etwa oder der Exodus aus Ägypten, und es doch ging.

Vielleicht kam ihm auch die Erinnerung an Führungsfiguren, die sich Gott erwählt hat, die auch nicht die überragenden Voraussetzungen fürs Management Israels mitbrachten und die dann doch mit Gottes Hilfe gute Arbeit machten. Und gut vorstellbar, dass ihm mitten in seine Zweifel, Unsicherheiten, Überlegungen hinein Versprechen einfielen, etwa die an Mose: Geh, ich bin mit dir. Ich bin da. Für alle Zeit. - Und so fand er Klärung, Antwort, Sicherheit, Mut, die anstehende Entscheidung zu treffen, eben von Gott her.

Eine Nacht braucht es nicht unbedingt dazu. Und auf einem Berg muss es auch nicht stattfinden, damit aus Management christliches Management wird, himmlisch inspiriertes, von Gott her ausgerichtetes. Wohl aber braucht es öfter die Verbindung der beiden Gleise „ora" et „labora", damit die himmlischen Inspirationen für die irdischen Unternehmensentscheidungen fließen können.

Selig also die Krankenhäuser, Altenheime und Pfarreien, Ordinariate und Ordensgemeinschaften, Caritas- und Diakonieverbände, in denen sich Leitungen und Leitungsrunden aus der Geschäftigkeit mit der Frage zurückziehen: Herr unser Gott, wie siehst du unsere Situation? Was willst du jetzt, in dieser Lage? Was hast du uns zu unserem Problem zu sagen? Wie denkst du über unsere Vorstellungen, Neigungen, Optionen, Pläne? Sind es auch die deinen?

Und wenn sie dann noch still werden und den biblischen Film einschalten, wenigstens ein paar Minuten lang mit hörendem Herzen ...

Welche Rolle in welchem Stück Leitung zu geben hat

Vom Ist und Soll kirchlicher Dienstgemeinschaft

Denn wie der Leib eine Einheit ist, doch viele Glieder hat, alle Glieder des Leibes aber, obgleich es viele sind, einen einzigen Leib bilden: so ist es auch mit Christus. Durch den einen Geist wurden wir in der Taufe alle in einen einzigen Leib aufgenommen, Juden und Griechen, Sklaven und Freie; und alle wurden wir mit dem einen Geist getränkt. Auch der Leib besteht nicht nur aus e i n e m Glied, sondern aus vielen Gliedern. Wenn der Fuß sagt: Ich bin keine Hand, ich gehöre nicht zum Leib!, so gehört er doch zum Leib. Und wenn das Ohr sagt: Ich bin kein Auge, ich gehöre nicht zum Leib!, so gehört es doch zum Leib. Wenn der ganze Leib nur Auge wäre, wo bliebe dann das Gehör? Wenn er nur Gehör wäre, wo bliebe dann der Geruchssinn? Nun aber hat Gott jedes einzelne Glied so in den Leib eingefügt, wie es seiner Absicht entsprach. Wären alle zusammen nur e i n Glied, wo bliebe dann der Leib? So aber gibt es viele Glieder und doch nur e i n e n Leib. Das Auge kann nicht zur Hand sagen: Ich bin nicht auf dich angewiesen. Der Kopf kann nicht zu den Füßen sagen: Ich brauche euch nicht. Im Gegenteil, gerade die schwächer scheinenden Glieder des Leibes sind unentbehrlich. Denen, die wir für weniger edel ansehen, erweisen wir um so mehr Ehre, und unseren weniger anständigen Gliedern begegnen wir mit mehr Anstand, während die anständigen das nicht nötig haben. Gott aber hat den Leib so zusammengefügt, dass er dem geringsten Glied mehr Ehre zukommen ließ, damit im Leib kein Zwiespalt entstehe, sondern alle Glieder einträchtig füreinander sorgen. Wenn darum ein Glied leidet, leiden alle Glieder mit; wenn ein Glied geehrt wird, freuen sich alle anderen mit ihm. Ihr aber seid der Leib Christi, und jeder einzelne ist ein Glied an ihm.

1. Korintherbrief 12,12 - 27

Korinth, Weltstadt in der Antike. Im Jahr 50 oder 51 nach Christus war sie Etappenziel der zweiten Missionsreise des Apostels Paulus. Paulus hielt sich dort einige Zeit auf und gründete eine Christengemeinde. Dann zog es ihn weiter. Aber er blieb mit der Gemeinde in Verbindung.

Ein paar Jahre später, zwischen 53 und 55 nehmen die Forscher an, erreichten ihn alles andere als schöne Nachrichten aus der jungen Gemeinde. Es lief dort nicht so, wie es unter Christen laufen sollte. Manches lief ziemlich schief, skandalös schief.

Das Telefon, zu dem man heute in solchen Fällen gerne greift, um gleichmal dies oder jenes mit deutlichen Worten zurechtzurücken, gab es noch nicht, ebenso wenig Auto, Bahn und Flugzeug. Paulus blieb nur das Mittel des Briefes an die junge Gemeinde.

Es ist ein ziemlich langer Brief geworden. Zu den Fehlentwicklungen und Missständen, die ihm zu Ohren gekommen waren, gab es eben auch vieles zu sagen. Der Briefabschnitt 12,12 - 27 bezieht sich dabei nur auf einen Punkt der langen Mängelliste.

Mag sein, dass der Abschnitt heute - schnell überflogen oder im Gottesdienst vorgelesen - zunächst nur „Bahnhof" verstehen lässt. Wenn unbeteiligte Dritte lesen, was andere sich mitteilen, kommt das vor. Briefschreiber verwenden oft nur Anspielungen. In der Gemeinde in Korinth wussten sie sofort, was Paulus meinte.

Hören wir ihm allerdings etwas länger zu, dann erschließt sich relativ rasch, was in der jungen Gemeinde abging: Statt Eintracht herrschte Zwietracht, und zwar so sehr, dass die Gemeinde zu zerfallen drohte. Der Spaltpilz hatte sich unter den Christen in Korinth eingenistet.

Es gab beileibe keinen Krach, bei dem die Fetzen und Fäuste geflogen wären. Nein, in der Christengemeinde spielte das übliche Stück Welt und Gesellschaft. Einige dünkten sich, wertvoller, wichtiger, bedeutsamer, besser, „eigentlicher" zu sein als andere. Oder sie wurden für wertvoller, wichtiger, bedeutsamer, besser, „eigentlicher" gehalten.

Manche empfanden sich so an den Rand gedrängt und ausgegrenzt, dass sie sich schon nicht mehr zugehörig fühlten und innerlich gekündigt hatten. In der Gemeinde gab es Hochangesehene und Geringangesehene, und wohl auch ganz Übersehene, Vergessene. Es grassierte das übliche Oben und Unten, Groß und Klein.

Zum Teil hatte sich auch ein gleichgültiges Nebeneinander breitgemacht. Cliquen hatten sich gebildet, die hauptsächlich ihr eigenes Süppchen kochten und nur ihre Gruppeninteressen verfolgten. Einige wussten alles besser und bevormundeten andere. Manche ließen durchblicken, dass man auf die oder jene gut und gern auch verzichten könnte. Ach-wenn-doch-alle-so-wie-ich-wären-Mentalität ging um.

Rangunterschiede, Klassen, Gefragte und Ungefragte, Gewinner und Verlierer, Egoismus, Egozentrismus, Rivalität, Vorrangansprüche und Vorrangstellungen, Zurücksetzung und Benachteiligungen, Missachtung und Minderwertigkeit - das Stück vom ganz normalen Gerangel in der ganz normalen Welt spielte in der Christengemeinde. Sie war alles andere als eine Gemeinschaft und drauf und dran, ihre Identität und ihren guten Ruf zu verlieren.

Denn ihre Identität und ihr Ruf begründeten sich ursprünglich aus dem Anspruch und wohl auch der anfänglichen Erfahrung, „nicht von dieser Welt zu sein". Alternative, Kontrast, die bessere Welt - das hatte der biblische Herr und Gott schon dem alten Israel zugedacht, und das hatte ganz getreu dem Willen des Vaters auch Jesus den Seinen mit auf den Weg gegeben. Gerade am ganz anderen Mit- und Füreinander, daran, „wie sie einander lieben", sollte der richtige, wahre Gott unter den vielen Göttern erkennbar werden.

Als „Licht der Welt" strahlte die Gemeinde in Korinth also kaum mehr. Natürlich hielten sie dort Gottesdienste, „Herrenmahl". Doch wenn nur die Liturgie, die Gesänge, Gebete, der Weihrauch und die Lesungen das andere ausmachen, das Eigene, das Spezifische, dann reicht das nicht. „Christlich", „kirchlich" - das ist immer auch eine soziale Gegenwelt. Oder christlich, kirchlich ist nicht ganz bei sich und gerät in die große Krise.

Vorbei und vorüber, was in Korinth spielte? Nicht mehr unser Thema in kirchlichen Kreisen, Häusern, Gemeinden, Gruppen, Verbänden, Betrieben des 21. Jahrhunderts? Nein. Den Spaltpilz kann man niemals zur Vergangenheit erklären. Er bleibt immer auf der Tagesordnung. Auszurotten ist er nicht. Aller Gesellschaft wohnt er inne, immer. Alle Verbände, Unternehmen, Vereine, Organisationen, Kongregationen tragen ihn jederzeit in sich. Auch um die kirchlichen, christlichen macht er keinen Bogen. Wo Menschen sich zusammentun, zu welchem Zweck auch immer, da ist er zugange. Unsere Verschiedenartigkeit bringt ihn hervor, an vielerlei Stellen und in vielerlei Form.

In der unterschiedlichen Größe der Blumensträuße für Mitarbeiter unterschiedlicher Funktionen zeigt er sich, bei der Vergabe von Parkplätzen, bei der Verabschiedung in den Ruhestand, bei Begrüßungsworten, in der formellen und informellen Sitzordnung bei Feiern, in der Einladung nur der scheint's Wichtigen zu besonderen Anlässen oder Info-Runden, im Hofieren der Großkopferten, im irgendwie betont jovialen und subtil herablassenden Ton von Chefs gegenüber den „Dummerln", „Hascherln", „grauen Mäusen" wird er greifbar.

Auch in Form von Geheimniskrämerei ums liebe Geld kommt der Spaltpilz daher, vorwiegend ums Geld auf der Einnahmen- und Vermögensseite. Über die Kosten reden die Kassenhüter öffentlich schon eher. Sogar in Lob und Dank und die Dekoration von Helden der Arbeit nistet er sich ein. Und in den ganz alltäglichen Kaffeegesprächen im Arbeitsbereich wird er gerne munter genährt, wenn's um „die andern"geht, die sowieso weniger arbeiten. Besonders gefährliche Blüten treibt er, wenn in der Unternehmensleitung über Maßnahmen wie Outsourcing von Aufgabenbereichen oder beim Träger über die Anhebung der Gehälter für Spitzenkräfte auf das gängige Niveau nachgedacht wird.

Nein, was in der Christengemeinde in Korinth lief, ist Gegenwart, an vielen Stellen jeder Gesellschaft und Organisation hör- und sichtbar. Die Frage ist immer nur: Wird der Spaltpilz überhaupt als das große Problem jeder Gesellschaft und Organisation wahrgenommen? Und formiert sich Widerstand gegen ihn? Oder hat man sich an ihn und seine Blüten so gewöhnt, dass man ihn nur noch lächelnd in die Schublade „Theater"oder „Kindergarten" steckt und schulterzuckend hinnimmt.

Ist er vor allem d a s Thema derer, die im kirchlichen Dienst in einer Leitungsposition stehen? Von ihnen ist im Bild vom einen Leib und den vielen Gliedern nicht eigens die Rede. Paulus wendet sich an die ganze Gemeinde, und dazu zählen auch diejenigen, die in Korinth den in jeder Organisation immer notwendigen Leitungsdienst ausüben, die „Vorsteher"oder „Ältesten", wie sie in den neutestamentlichen Briefen öfters genannt werden.

Eine ausdrückliche Anweisung erhalten sie nicht, aber indirekt, finde ich, eine sehr gute Lektion über Leitung im kirchlichen Raum, einfach indem Paulus - wenn auch aus der Ferne - Leitung wahrnimmt und vor Augen führt, worauf es ankommt, wenn „christlich" und „kirchlich" draufsteht: nämlich um den Aufbau des einen Leibes Christi, als der endlich richtigen, wahrhaft gerechten und menschlichen Gesellschaft aus vielen verschiedenen Gliedern, um Einigung, Versöhnung, Aufhebung der Trennungen und Schranken.

Paulus lässt den Spaltpilz nicht mit müdem Lächeln oder Kopfschütteln sein Unwesen treiben. Er greift ein, macht ihn zum Thema, nicht in harschen Worten, sondern in einem Bild, einem Leitbild. Damit hält er den Korinthern einen Spiegel vor. Und so macht er ihnen bewusst, was ihnen teilweise vielleicht gar nicht mehr aufgefallen war, weil es ja irgendwie normal unter ihnen zuging. Er spricht an, was sich fehlentwickelt hat.

Zugleich entwirft er mit wenigen Strichen jene Gesellschaft, Gemeinschaft, Organisation, Unternehmung ganz anderer Art, die er bei „christlich" vor Augen hat, und die allen als Ziel vor Augen stehen soll, weil „der Herr" sie will. Ihre Grundbegriffe und Grundqualitäten heißen: Wir alle - Menschen wie Dienste in der Gemeinde -, zusammen, „eins", einträchtig; aufeinander angewiesen, einander brauchend, ergänzend, unentbehrlich füreinander, zusammengehörig; die Verschiedenartigkeit,

Eigenheit und Vielfalt anerkennend, respektierend, bejahend, gutheißend und schützend; gleichwertig, gleichrangig, gleich würdig, gleichermaßen beitragend, teilhabend, beteiligt, Unterschiede ausgleichend und vergleichgültigend; und besonders achtsam auf die bedacht, die nach den Maßstäben der Welt „kleiner", „geringer", „unwichtiger" erscheinen, sie anhebend, sie fördernd, sie aufwertend; zusammenstehen, zusammenhalten, füreinander sorgen, einander die Lasten tragen helfen, einer dem anderen, teilend an guten und schlechten Tagen, Freud und Leid, Erfolg und Misserfolg, Wohlergehen und Notlage.

Zu den Leitbegriffen und Grundqualitäten dieser himmlisch familiären Gemeinschaft gehören aber ebenso auch: ausgerichtet, begründet von Christus, von Gott, dem Herrn, von dem alles kommt, in dem alles wurzelt, der alles geschaffen hat und hervorbringt, führt und vollendet, auch die Gemeinde, das Unternehmen, das Werk und alle, die darin tätig sind und davon leben. Auch das hebt Paulus ins Bewusstsein. Denn ohne das ist die wunderschöne Gemeinschaft zwar auch denkbar, aber nur wunschdenkbar. Ohne das fehlte ihr die innere Begründung und das Fundament, der Nährboden und die Quelle für die Gleichwertigkeit aller und die Option für die scheint's Niedrigen und Kleinen, für die Respektierung der Verschiedenartigkeit und für die gegenseitige Solidarität.

Das alles hat Paulus im Sinn und das alles ruft er mit wenigen Strichen wieder wach und in Erinnerung. So übt er christliche Leitung aus.

Und so führt er auch allen „Vorstehern", „Ältesten", „Episkopen" im großen Leib Christi, gleich an welchem Ort und in welchem Werk, vor Augen, worum es ihnen in erster Linie gehen soll: um die Arbeit an der Einheit in der Verschiedenartigkeit.

Integratives Management ist in der Kirche angesagt.

Wenn die Lage zum Himmel schreit

Von Zusagen und Anweisungen für schwierige Zeiten

Der Herr sprach (zu Mose): Ich habe das Elend meines Volkes in Ägypten gesehen, und ihre laute Klage über ihre Antreiber habe ich gehört. Ich kenne ihr Leid. Ich bin herabgestiegen, um sie der Hand der Ägypter zu entreißen und aus jenem Land hinaufzuführen in ein schönes, weites Land, in ein Land, in dem Milch und Honig fließen, in das Gebiet der Kanaaniter, Hetiter, Amoriter, Perisiter, Hiwiter und Jebusiter. Jetzt ist die laute Klage der Israeliten zu mir gedrungen, und ich habe auch gesehen, wie die Ägypter sie unterdrücken.

Und jetzt geh! Ich sende dich zum Pharao. Führe mein Volk, die Israeliten, aus Ägypten heraus! Mose antwortete Gott: Wer bin ich, dass ich zum Pharao gehen und die Israeliten aus Ägypten herausführen könnte? Gott aber sagte: Ich bin mit dir; ich habe dich gesandt, und als Zeichen dafür soll dir dienen: Wenn du das Volk aus Ägypten herausgeführt hast, werdet ihr Gott an diesem Berg verehren.

Da sagte Mose zu Gott: Gut, ich werde also zu den Israeliten kommen und ihnen sagen: Der Gott eurer Väter hat mich zu euch gesandt. Da werden sie mich fragen: Wie heißt er? Was soll ich ihnen darauf sagen? Da antwortete Gott dem Mose: Ich bin der „Ich-bin-da". Und er fuhr fort: So sollst du zu den Israeliten sagen: Der „Ich-bin-da" hat mich zu euch gesandt. Weiter sprach Gott zu Mose: So sag zu den Israeliten: Jahwe, der Gott eurer Väter, der Gott Abrahams, der Gott Isaaks und der Gott Jakobs, hat mich zu euch gesandt. Das ist mein Name für immer, und so wird man mich nennen in allen Generationen.

Geh, versammle die Ältesten Israels und sag ihnen: Jahwe, der Gott eurer Väter, der Gott Abrahams, Isaaks und Jakobs, ist mir erschienen und hat mir gesagt: Ich habe sorgsam auf euch geachtet und habe gesehen, was man euch in Ägypten antut. Darum habe ich beschlossen, euch aus dem Elend Ägyptens hinaufzuführen

in das Land der Kanaaniter, Hetiter, Amoriter, Perisiter, Hiwiter und Jebusiter, in ein Land, in dem Milch und Honig fließen.
Exodus 3,7 - 17

Das Elend meines Volkes - vor mehr als 3000 Jahren, in der Zeit, in die uns das Buch Exodus zurückversetzt, war das die bittere Erfahrung von „Knechtschaft" in Ägypten. Nach der durch Hungersnot erzwungenen Einwanderung des kleinen Stammes „Israel" und einer Phase friedlichen Nebeneinanders mit den Alteingesessenen mussten die Zugereisten bedrückend erleben, was Herrschaft von Menschen über Menschen heißt und anrichtet.

Immer tiefer gerieten sie in die Fänge des Staates. Zuletzt waren sie zu Sklaven entwürdigt, die für den Luxus und die Verherrlichung der Oberschicht Ägyptens schuften mussten, u. a. beim Bau der großen Paläste, Denkmäler und Grabstätten des Pharaos, angetrieben von gnadenlos brutalen Aufsehern. Die herrschende Politik ließ dem kleinen Völkchen der Israeliten kaum mehr Luft zum Atmen. Es war heruntergekommen, tiefer ging's nicht mehr. Und ein Ende seiner Fesselung im öffentlichen Dienst war nicht abzusehen. Als ob Gott sich desinteressiert von ihm abgewandt und zurückgezogen hätte. Ein einziges Stöhnen, Ächzen, Klagen unter der Last der Arbeit war der Alltag. Wie sollte das nur weitergehen?

Hier müsste das heutige Management im Volk Gottes hellhörig werden. Denn spätestens hier berührt sich die Lage des Volkes Gottes zur Zeit des Mose mit der der Gegenwart. Die gibt auch nicht gerade Anlass zum Jubeln. Die Frage, Klage, Sorge, wie das noch weitergehen soll, habe ich schon hunderte Male vernommen, aus dem Mund von Ordensoberen und Trägervertretern kirchlicher Einrichtungen, von Haus- und Verbandsverantwortlichen, Priestern oder Pfarrgemeinderäten. Und auch das Stöhnen und Ächzen unter der Last der harten Arbeit ist nicht passé. In Altenheimen, Krankenhäusern oder Sozialstationen in kirchlicher Trägerschaft grassiert es an allen Ecken und Enden.

Natürlich leben wir nicht mehr unter dem absolutistischen System der ägyptischen Pharaonen. Und der Staatsapparat heute hat nicht mehr das Gesicht des damaligen. Aber davon, irgendwie gefesselt zu sein, davon, gedeckelt zu werden, davon, dass „die Politik uns die Luft nehme" mit der ständigen Reform der Reform des Gesundheits- und Sozialwesens und deren Wirtschaftlichkeitsdruck, davon habe ich manches Lied auf den kirchlichen Managementetagen singen hören.

Die Methoden, Techniken, Vorgehensweisen, auch Grad und Ausmaß des Drucks und der Abhängigkeit - die mögen verschieden sein. Zwischen damals und heute zeigen sich jedoch Parallelen. „Strukturkongruenz" nennen das die Experten. Und wo Strukturkongruenz erkennbar wird, da werden Erzählungen über längst Vergangenes zur aktuell bedeutsamen Information und Botschaft, und *die* vom Gespräch zwischen Gott und Mose irgendwo in der Wüste zu einer für alle in Leitungsposition besonders bedeutsamen und erfreulichen.

Erfahren wir durch diese Erzählung doch zuallererst: Das Volk Gottes ist sich nicht selbst überlassen. Gott kennt die beschi... Lage. Das Elend seines Volkes ist ihm bekannt. Und es ist ihm nicht gleichgültig. Er will dem Druck und der Abhängigkeit ein Ende machen und das Volk aus der Knebelung befreien, die ihm die Luft und Lust zu leben nimmt. Ja, er will ihm geradezu eine wunderschöne Zukunft verschaffen. In paradiesische Verhältnisse will er es führen, heraus aus Mangel und Knappheit, hinein in Fülle und Überfluss.

Märchenhafte, himmlische Aussichten!

Gott geht noch weiter. Er belässt es nicht bei der schönen Verheißung eines neuen, besseren Lebens. Er wird auch konkret. Wie im Schlaraffenland, so seine Vorstellung, wird die Zukunft voll Milch und Honig nicht über das geschundene Volk kommen. Gratis gibt es sie nicht, und auch nicht über Nacht. Das Volk muss selbst auch etwas dafür tun: aufbrechen, sich auf den Weg machen, aus dem System, an dem es leidet, ausziehen. Nur klagen, stöhnen, ächzen, schreien, beten und auf Gott hoffen - das genügt nicht. Die Zelte in Ägypten abbrechen und losziehen müssen die Israeliten schon selbst.

Damit dieses Zutun des Volkes zum Exodus in die Gänge kommt und das Unternehmen gelingt, braucht es auch eine Leitung: *Geh! Ich sende dich. Führe mein Volk aus Ägypten heraus!* Das ist der Auftrag Gottes an Mose, an alle Leitung im „Volk Gottes". Gott, der oberste Leiter des Unternehmens, braucht menschliche Leitung, sonst wird es nichts mit der Beendigung der ägyptischen Verhältnisse und dem Aufbruch in die große Zukunft. Er bindet die Erfüllung seiner Verheißungen auch an ein führungsbereites Management.

Führung, Leitung, Management in der Kirche als Arbeit an der Befreiung von Abhängigkeit, Druck, Belastung, von der Mühseligkeit und der Härte des Arbeitslebens, als Arbeit an der Beendigung von Stöhnen, Ächzen, Klagen, Weinen über die Verhältnisse, als Arbeit an der Zukunft in Freiheit, Gerechtigkeit, Fülle und Freude? Wenn wir strukturkongruent denken, müssen wir die Frage bejahen.

Und womit beginnt die Befreiung, die Gott anzielt? Was ist zu tun? Worin besteht der erste Schritt auf dem langen Weg ins verheißene gelobte Land? Die Erzählung sagt es so: *Geh!* Warte nicht, bleibe nicht, wo du jetzt bist, mache dich auf. Geh und sag deinen Leuten: Es ist Gottes Willen, unsere Knechtschaft zu beenden und uns in eine bessere Zukunft zu führen. Geh *jetzt* zu den Deinen!

Für Mose kommt das zu schnell. Für uns alle kommt es wohl zu schnell. Da melden sich erst einmal eine Menge Skepsis, zweifelnd bange Fragen. Da tauchen Schwierigkeiten auf, schieben sich Hürden und Berge vor den Blick: die Sachzwänge, der staatliche Machtapparat, die wenigen Mittel, die vielen vordringlichen Aufgaben, die Kollegen, viele, viele, die zum Volk Gottes gehören, es aber nicht mehr mit dem Glauben und der Kirche können, der X und die Y, die bestimmt nicht mitmachen. Und wieso gerade ich? Wenn alle, dann ja, aber ich, von der Theologie unbeleckt, auch sonst nur Durchschnitt. Und überhaupt. – Keine Chance. Schön wäre es, lieber Gott, aber . . .

Mose reagiert, wie wir alle reagieren, wenn's drum geht, zu neuen Ufern aufzubrechen und Verantwortung dafür zu übernehmen. Und darum gilt auch die Antwort allen, die wie Mose fühlen, zögern, zweifeln: *Ich bin mit dir, ich habe dich gesandt.* Das genügt. Hab keine Angst. Ich lasse dich nicht fallen, verbürge mich für dich, ich, Herr aller Herren, dein Gott, ich mache dich zum Segen für dein Volk. Gehe ruhig, gelassen, in Zuversicht, weil ich dich begleite und führe. Und das sage auch deinem Volk, deinem Unternehmen, deiner Gemeinde, deiner Kongregation, deiner Abteilung, deiner

Station. Ich bin da, bin euch nahe, bin mit euch und steh euch zur Seite, wenn ihr den Exodus wagt. „Ich bin da", das ist mein Name, weil Da-, Für- und Mitsein mein Wesen ist. Ich bin mit dir und mit euch, wenn du gehst und ihr es wagt.

Eine Information, die es in sich hat. Ein einziger Satz gegen die Zweifel, gegen die Angst, die Hürden und Berge und die bisherigen Erfahrungen mit X und Y und der eigenen Begrenztheit und Unzulänglichkeit. Eine wichtige Botschaft für unterwegs, d i e Botschaft für alle Leitung im Volke Gottes. Eine knappe Zusage als eiserne Ration auf dem Weg in die bessere Zukunft. Ich bin mit dir, ich bin für euch da.

Und schließlich gibt der „Ich-bin-da" auch gleich noch zu verstehen, wohin Mose, wohin alle Leitung, zuerst gehen soll auf dem Weg der Befreiung des Unternehmens in eine bessere Zukunft hinein. *Geh, versammle die Ältesten*, weist Gott ihn an. In der Führungsriege des Unternehmens, bei den Vorständen und Direktorien, Abteilungs- und Stationsleitungen, bei den Ratsgremien der Kirchengemeinde und der Ordensgemeinschaft gilt es anzusetzen und sich Rückhalt zu verschaffen. Mit der Einberufung einer Häuptlingsrunde, einer großen Versammlung aller Leitenden soll es beginnen.

Gehe dort hin und sage: Es ist was drin! Das Ägypten

unserer Diözese, unserer Gemeinde, unseres Verbandes, unseres Hauses, unserer Abteilung, unserer Kongregation muss nicht fortdauern. Gott hält eine bessere Zukunft bereit, wenn wir uns auf den Weg machen, den er uns führen will.

Natürlich sind wir nicht Mose, und uns ist nicht die Führung des ganzen großen Unternehmens „Volk Gottes" anvertraut. Wir sind mit der Leitung eines Teils des Volkes Gottes mit zehn, zwanzig, fünfzig, hundertdreißig, sechshundert oder auch fünftausend Personen beauftragt. Aber auch eine Gruppe des Volkes Gottes in der Größenordnung von fünf, fünfzig oder fünftausend Personen, die bedrückt leben, will Gott erlösen - wie einst unsere Vorfahren durch Mose.

Die Verheißungen, der Auftrag und die Zusage - das alles bleibt, als richtungsweisende und ermutigende Nachricht für alle Oberinnen, Vorstände, Leiterinnen und Leiter, Bischöfe, Räte, Bevollmächtigte, Pfarrer, Präsidenten, Geschäftsführer, Priore und Superiore im Volk Gottes.

Wie es damals weiter- und ausging, wissen wir: gut. Mose ließ sich senden und das Volk Gottes gelangte in die Freiheit, wenn auch durch viele Schwierigkeiten hindurch.

Und heute? Wie geht es heute weiter? Strukturkongruent?

Welchen Kurs das Boot nehmen soll

Zum Koordinatensystem für kirchliche Profilierungsversuche

Ziele braucht der Mensch, das Management und das Unternehmen. Ohne wird es gefährlich. Die Richtung fehlt. Man irrt umher, dreht sich im Kreis oder landet am Ende, wohin man eigentlich gar nicht hat kommen wollen. Das kostet haufenweise Energie, Zeit, Motivation und auch Geld und Profil.

Nichts gegen ein pragmatisches Vorgehen. „Schritt für Schritt" ist gut. Selbst der höchste Berg lässt sich nur so ersteigen. Aber man muss schon auch wissen, auf welchen Gipfel man möchte. Und gelegentlich muss man sich vergewissern, ob man sich überhaupt noch auf dem Weg dorthin befindet.

Es braucht das große Ziel, das globale, das Leitziel, und es braucht die daraus abgeleiteten kleineren, die Nah- und Teilziele, damit das Leben und der Alltag, damit Management und Führung, damit Organisations- und Personalentwicklung nicht zum hektischen Hin- und Her-Gerenne geraten. Blinder Aktionismus führt nicht weiter.

Von all dem sind die Mutter Kirche und ihre vielen Filialen - ob Kirchengemeinde, katholisches Krankenhaus oder Diakonieverband - nicht ausgenommen. Nur wenn ihr Management in Zielen denkt, besteht Aussicht, auf Dauer so in die Zukunft zu kommen, wie sie es gerne hätten: attraktiv, mit unverwechselbarem Gesicht und Charme und wirtschaftlich gesund.

Doch in welchen Zielen soll „bei Kirchens" und „bei Klosters", in der Caritas und in der Diakonie, in „St. Joseph", „St. Marien" und „St. . . ." denken, wer dort Führungsverantwortung trägt? In welche Richtung soll Leitung führen? Dorthin, wohin alle marschieren? Dem herrschenden Trend im Lande nach?

Natürlich nicht! Denn, so das kirchliche Argument in der pluralen Welt, man habe schließlich Eigenes, Spezifisches einzubringen, unterscheide sich doch. Da kann man nicht einfach nur die Ziele verfolgen, die hierzulande viele andere auch verfolgen.

Nein, wer das Argument vom Unterschied und „Proprium" nicht aufgeben will, der kann nicht einfach Organisations- und Personalentwicklung betreiben wie bei BMW, der Deutschen Bank oder den Asklepios-Kliniken. Kirchliche Gemeindeentwicklung kann von der Stadtentwicklung oder Dorferneuerung vielleicht manches lernen, Methodisches. Aber inhaltlich müsste sie sich doch um einiges absetzen.

Wo „Caritas" und „Diakonie" draufsteht, in „St. Joseph", „St. Marien" oder in der Kongregation der „Schwestern vom Hl. . . .", da hat es gegen den Trend zu laufen. Doch wohin hat „das Schiff" zu steuern, „das sich Gemeinde nennt", wie es in einem Gottesdienstlied heißt? Welchen Kurs hat das in kirchlichen Unternehmen gern zitierte „Boot, in dem wir alle sitzen", zu nehmen?

Die Formel von der „Orientierung am christlichen Menschenbild", mit denen die Selbstverständnisbekundungen kirchlicher Unternehmen gern das ihnen Eigene benennen, gibt dafür wenig her. Auch die von der „Arbeit im Geist Jesu" oder „im Sinne des Evangeliums" enthält keine näheren Zielangaben. Weithin sind sie zur Leerformel geworden, die in alle möglichen Richtungen deutet.

Sie verweisen lediglich auf das Verfahren, die Quelle und Grundlage, wie und wo nähere Anhaltspunkte zur Klärung der Zielfrage zu finden wären, nämlich nicht im eigenen Gutdünken, nicht im Gutdenken, Gutmeinen, Gutglauben Einzelner oder auch von Gremien, sondern in der Ausrichtung auf Jesus, im Hinhören und Hinschauen auf sein Leben und seine Lehre.

Bei Jesus lässt sich natürlich kein Kapitel „Kirchliche Unternehmensziele", aufgegliedert in Richt-, Grob- und Feinziele, ausmachen. Meines Wissens führt er den Begriff nie im Mund. Aber von Anzustrebendem redet er oft, immer dann, wenn er aufs Sollen zu sprechen kommt, wenn er Richtlinien benennt, das, was als das Rechte zu tun wäre. Da finden sich die Angaben zum Kurs, den die christlichen Boote zu nehmen hätten, wenn sie ihrem Herrn und Eigner folgen wollen.

An vielen Stellen der Evangelien wären diese Richtlinien und Wegmarkierungen zu finden, meist in Form von Einzelweisungen. An einer Stelle jedoch sind sie sozusagen aufaddiert zur großen Leitlinie von allem, zum globalen Ziel, das es durch alles tagesaktuelle Geschehen mit seinen Klippen und Stürmen hindurch zu verfolgen gilt, wo Caritas und Diakonie, „St. Joseph", „St. Marien", „St..." oder „Kongregation der Schwestern vom Hl..." draufsteht.

Ein Schriftgelehrter hatte ihrem Streit zugehört; und da er bemerkt hatte, wie treffend Jesus ihnen antwortete, ging er zu ihm hin und fragte ihn: Welches Gebot ist das erste von allen? Jesus antwortete: Das erste ist: Höre, Israel, der Herr, unser Gott, ist der einzige Herr.

Darum sollst du den Herrn, deinen Gott, lieben mit ganzem Herzen und ganzer Seele, mit all deinen Gedanken und all deiner Kraft. Als zweites kommt hinzu: Du sollst deinen Nächsten lieben wie dich selbst. Kein anderes Gebot ist größer als diese beiden. Da sagte der Schriftgelehrte zu ihm: Sehr gut, Meister! Ganz richtig hast du gesagt: Er allein ist der Herr, und es gibt keinen anderen außer ihm, und ihn mit ganzem Herzen, ganzem Verstand und ganzer Kraft zu lieben und den Nächsten zu lieben wie sich selbst, ist weit mehr als alle Brandopfer und anderen Opfer. Jesus sah, dass er mit Verständnis geantwortet hatte, und sagte zu ihm: Du bist nicht fern vom Reich Gottes. Und keiner wagte mehr, Jesus eine Frage zu stellen.

Markus 12,28 - 34

Auch damals scheint es Verwirrung darüber gegeben zu haben, worauf denn nun das Augenmerk zu richten und was eigentlich anzustreben sei. Meinungsverschiedenheiten, Dispute, Streit, und offenbar nicht nur um Kleinigkeiten, nein, um den grundsätzlichen Kurs des Bootes gab es auch damals im Volke Gottes.

Die Antwort Jesu mag vielleicht manche verwundern. Zum Ziel aller Teilziele erklärt er nicht die Nächstenliebe, den Bruderdienst oder die Menschlichkeit. Auch

Liturgie, Gebet oder Verkündigung hat er nicht als Erstes vor Augen. Das alles mag in seiner Antwort irgendwie anklingen. Im Wortlaut setzt er andere Akzente.

Die Verwurzelung und Ausbreitung der Herrschaft Gottes und die Zurückdämmung und Überwindung der Herrschaft von Menschen über Menschen hat er im Blick, und das in Israel, im Volk Gottes. Auf andere Herrschaftsverhältnisse als üblich, auf eine Konstruktion von Gesellschaft ganz anderer Art, wo christlich draufsteht, läuft bei ihm alles hinaus - gestern, heute und morgen.

Auf gut deutsch: Merkt euch in „St. Joseph", „St. Marien", „St. . . .", in der „Kongregation der Schwestern vom Hl. . . .", bei der Caritas, Diakonie, in den Pfarrgemeinden: Das große, allem übergeordnete, globale Ziel war und bleibt das Volk Gottes als Ort der Gottesherrschaft, anstelle von Menschenherrschaft, Aristokratie oder Demokratie, der Herrschaft der Mehrheit über Minderheiten oder umgekehrt.

Das große Ziel heißt: Volk Gottes mit einer neuen Hierarchie, einer, die endlich den Namen „Heilige Ordnung" verdient, weil sie die richtige, die rechte, die gerechte, heilsame, heilende Ordnung verwirklicht, die Gesellschaftsordnung, die alle aufleben lässt und niemand mehr niederdrückt und kränkt.

Und merkt euch: Das alles gilt zunächst einmal für die Kirche und all ihre Untergliederungen. Das alles denkt zuerst bezogen auf „St. Marien", „St. Joseph", „St...", auf die „Kongregation der Schwestern vom hl...", auf die Caritashäuser und Diakonieverbände. Ihr seid Israel. Und der Herr, euer Gott, ist der einzige Herr bei euch.

Aber was heißt das nun für die Zielsetzung des Managements in kirchlichen Unternehmen? - Vielleicht könnte Leitung die Stellen so hören:

Merke es dir, Management im kirchlichen Krankenhaus und Altenheim, bei Caritas und Diakonie: Die Sicherung der wirtschaftlichen Basis, die Gewinnung ausreichenden Personals und dessen Qualifizierung, die Erneuerung der apparativen Mittel zur Diagnostik und Therapie - das sind wichige Bedingungsziele des Überlebens. Aber darin allein besteht das Zielprogramm der Gruppen und Unternehmen meines Volkes nicht.

Natürlich dürft und sollt ihr euch euer Haus als Ort vorstellen, an dem Kranke, Behinderte, Gebrechliche besondere Geborgenheit, Menschlichkeit und Heilsamkeit an Leib und Seele erfahren und in Würde und Hoffnung sterben können. Das entspricht ganz und gar meinem Willen. Nur kreist nicht immer um die Vision der großen Menschlichkeit. Fixiert euch nicht auf die „Kundenorientierung", wie man heute gern die Aufmerksamkeit für die Bedürfnisse der Notleidenden nennt.

Ihr seid sonst nämlich wie Obsterzeuger, die dauernd von den schönen Früchten träumen, die sie selbst aber gar nicht herstellen können, auch mit noch so viel Mitteleinsatz nicht. Denn die Früchte sind nicht machbar, die kommen, wachsen, wenn ...

Euer Zieldenken kreise hauptsächlich um die Reich- und Volk-Gottes-Werdung eures Hauses. Strebt danach, die Verwandlung von Menschenherrschaft in Gottesherrschaft in eurem Haus mit eurer Führungspolitik zu unterstützen. Arbeitet gleichermaßen in zwei Richtungen, die vertikale und die horizontale. Dann werden die schönen Früchte wachsen.

Arbeitet - die erste, die vertikale Leitlinie - an der Ausrichtung eurer Gemeinde oder Dienstgemeinschaft auf den hin und von dem her, den ihr euren „Herrn und Gott" nennt. Verfolgt das Ziel, dass euer Haus für die darin Tätigen zum „Lernort des Glaubens" wird, zu einer Art Schule, in der man lernen kann, die Welt mit Gottes Augen zu sehen. Und weil ER in mir, eurem Jesus Christus, Gesicht und Stimme angenommen hat, rate ich, verfolgt das Ziel, in eurem Haus die Christusorientierung zu verstärken, eure persönliche und die eurer Mitarbeiter. Das ist das Erste.

Das Zweite - die horizontale Leitlinie - ist: Arbeitet am Aufbau einer geschwisterlichen Gemeinschaft untereinander, an der Entwicklung eines Mit- und Füreinanders ohne Vorrangstellungen und Zurücksetzungen, am Aufbau einer Dienstgemeinschaft der E i n a n d e r -Dienenden. Arbeitet daraufhin, dass in eurem Unternehmen der Grundsatz „Du sollst den Nächsten lieben wie dich selbst" zuallererst einmal auf die Mitarbeiter, die Kollegen, die anderen Arbeitsteams und -bereiche Anwendung findet.

Die Vertikale und die Horizontale, an der ihr arbeiten sollt, sind zweierlei Dinge. Aber sie gehören untrennbar zusammen, wie die zwei Seiten einer Münze. Ihr könnt nicht nur an einer Seite arbeiten und die andere vernachlässigen, weil dafür keine Zeit ist oder der Zeitgeist ungünstig weht.

So könnte Leitung im Volk Gottes die Kursvorgaben Jesu hören. Danach hätte das Management in „St. Joseph", „St. Marien", „St. . . .", bei Klosters, Diakonie und Caritas zwei große Ziel- und Aufgabenfelder. Die ließen sich jetzt wiederum näher anschauen, etwa daraufhin, wie es diesbezüglich im Haus steht. Und dann ließen sich daraus kleinere, konkretere Ziele ableiten.

Aus der Vertikalen ließe sich beispielsweise als Teilziel herunterbrechen,
- Mitarbeiter in Leitungsposition via Fortbildung mit dem Führungsverständnis Jesu vertraut zu machen
- bei Seminaren zur Sterbebegleitung auch Jesu Sicht von Sterben und Tod zu thematisieren

- ein tägliches Meditationsangebot „Fünf vor Zwölf" den Mitarbeitern zu unterbreiten
- die Gremiensitzungen damit zu beginnen, gemeinsam eine Viertelstunde lang auf ein Stück „Wort des lebendigen Gottes" zu hören
- Freud und Leid, Erfolg und Misserfolg im Haus oder Arbeitsbereich in Gottesdiensten gemeinsam vor den Herrn zu bringen
- ...

Bezüglich der Horizontalen wäre etwa daran zu denken,
- eine Reihe „Stunden der offenen Tür" einzurichten, die den Mitarbeitern Gelegenheit gibt, andere Arbeitsbereiche näher kennen zu lernen
- als Leitung gerade den Kontakt mit den niederen Diensten zu pflegen, zu ihnen zu gehen, sich mit ihnen zusammenzusetzen
- regelmäßig alle Mitarbeiter mit Führungsfunktion in einer großen Leitungskonferenz zu versammeln
- bei Festen Sitzordnungen zu arrangieren, die Große und Kleine, Angesehene und Übersehene einander nahe bringen
- für Dienstplan und Urlaubsregelungen zu sorgen, die Annehmlichkeiten und Unannehmlichkeiten mit der Zeit auf alle gerecht verteilen
- wo immer es sich inhaltlich anbietet, gemeinsame, gruppenübergreifende Fortbildungen anzusetzen
- auch dann und wann die Angehörigen der Mitarbei-

ter, ihre Partner und Kinder ins Haus einzuladen
- ...

Gewiss, Ziele zu haben ist eines, sie zu erreichen, ein anderes. Mag sein, dass für einige dieser Teilziele die Zeiten momentan nicht günstig erscheinen. Die Frage ist jedoch: Wird es jemals noch günstigere geben? Immerhin sagt ER, der dem Management die großen Richtziele vorgibt, auch, dass sich Berge versetzen ließen. Aber wer gar nicht erst die Schaufel anlegt, ...

Damit das Miteinander wächst und gedeiht

Zur Gestaltung der internen Unternehmenskommunikation

Mose versammelte die ganze Gemeinde der Israeliten und sagte zu ihnen ...
Exodus 35,1

Mose rief ganz Israel zusammen und sagte zu den Israeliten ...
Deuteronomium 29,1

Mose trat vor ganz Israel hin und sprach diese Worte ...
Deuteronomium 31,1

Mose, der große Kommunikator. Viele Szenen des biblischen Films zeigen ihn uns als Redner, nicht beim Aktenstudium hinterm Schreibtisch in der Abgeschiedenheit eines repräsentiven Büros. Die braucht Management auch, keine Frage. Bei Mose waren das die Zeiten allein auf dem Berg oder in seinem Zelt. Die Szenen, die uns davon erzählen, beginnen meist mit: *Gott sprach zu Mose.* Der große Führer seines Volkes steht auch in intensiver Verbindung mit Gott, dem Herrn.

Aber das Geschehen in der Abgeschiedenheit ist noch nicht Führung. Es ist die notwendige Voraussetzung dafür, eine Art Vorbereitung darauf. Führung ereignet sich erst in und mit der Mitteilung, in und mit der Information und Kommunikation an die Adresse der Mitglieder des Unternehmens, bei Mose an die Adresse der Israeliten.

Damit sind wir bei einem leidigen Dauerthema in der kirchlichen Landschaft. Vielfach wird geklagt, es kranke an der Information und Kommunikation. Bischöfe führen Klage darüber und denken dabei an den Vatikan. Pfarrer tun es und denken dabei ans Ordinariat. Manche Gemeindemitglieder sind unzufrieden, weil sie zu wenig mitkriegen, was in Kirchenverwaltung und Pfarrgemeinderat läuft.

Auch bei Klosters habe ich das Klagelied schon gehört. Da wüssten manche „Schwestern" oder „Brüder" draußen, vor Ort, gern mehr darüber, was warum im Generalat, im Provinzialat oder im Rat der Gemeinschaft geschieht. Und auch in Krankenhäusern und Altenheimen, bei der Caritas und der Diakonie, steht das Thema ganz oben auf der Liste der Mängel und des Verbesserungsbedarfs.

Dass es offenbar vielerorts in der Kirchenlandschaft in Sachen Kommunikation nicht stimmt, kann fürs Management im einzelnen „Haus" kein Trost sein. Die Störungen beeinträchtigen erheblich das Miteinander. Sie erschweren die Zusammenarbeit und zehren an der Motivation und Identifikation. Und das kommt mit der Zeit verdeckt ziemlich teuer.

Zwischen Mitteilung und Gespräch und der Entstehung und Vertiefung von Gemeinschaft besteht ein enger innerer Zusammenhang. Gemeinschaft lebt, steht und fällt mit dem Austausch unter ihren Mitgliedern. Die lateinischen Begriffe dafür lassen dies hörbar werden. „Communicatio" und „Communio" haben den gleichen Wortstamm.

Theoretisch hat die Mutter Kirche auf dem letzten Konzil diesen inneren Zusammenhang wiederentdeckt. Als eines der besten Papiere der Konzilszeit gilt die Pastoralinstruktion „Communio et progressio" aus dem Jahr 1971. Sie beginnt mit dem Satz: „Gemeinschaft und Fortschritt der menschlichen Gesellschaft sind die obersten Ziele sozialer Kommunikation". Das heißt auch: Gemeinschaft und Fortschritt brauchen Kommunikation. Ohne sind sie nicht zu haben.

Praktisch verbindet sich allerdings mit dem Begriff „Kommunizieren" weithin eher der „Empfang der Kommunion", des Leibes und Blutes Christi. Gegenüber den biblischen Zeiten im Volk Gottes zeigt sich darin eine enorme Bedeutungsverschiebung. Die legten nämlich auf die Mitteilung und den Austausch innerhalb des Volkes Gottes allergrößten Wert. Nicht nur an den Szenen mit Mose als Hauptdarsteller wird das deutlich. Im weiteren Verlauf des biblischen Films halten es seine Nachfolger wie ihr prominenter Vorgänger: Sie pflegen intensiv das Gespräch mit dem Volk.

Josua versammelte alle Stämme Israels in Sichem; er rief die Ältesten Israels, seine Oberhäupter, Richter und Listenführer zusammen, und sie traten vor Gott hin. Josua sagte zum ganzen Volk...
Josua 24,1

Samuel sagte zu ganz Israel...
1 Samuel 12,1

Salomo, der Sohn Davids, gewann Macht in seinem Königtum. Der Herr, sein Gott, war mit ihm und ließ ihn überaus stark werden. Er sprach mit ganz Israel...
2 Chronik 1,1 f.

So geht das in einem fort. Und was dabei auffällt: Die Bibel nennt oft das g a n z e Volk als Adressaten der Kommunikation der prominenten Führer. Dutzende Male findet sich die Wendung *ganz Israel*. *Alle* sind das Gegenüber von Mose und Josua, Samuel und Salomo und den anderen Großen Israels.

Sie werden uns natürlich auch in Einzelgesprächen oder in kleiner Runde gezeigt. Aber wenn es um ganz Wichtiges geht, dann stellen sie die große Öffentlichkeit her und wenden sich ausnahmslos an alle. Zufall? Bei der Häufigkeit dieses Erzählmotivs ist das kaum vorstellbar. Dem „Wort Gottes" muss es ein großes Anliegen sein, das Ganze, die Gesamtheit zu betonen.

Nicht immer klingt es danach, als ob nun alle Mitglieder der Organisation leibhaftig versammelt waren. Das Ganze kommt manchmal auch über Repräsentanten zustande, die Ältesten, die Clanchefs, die Leitungen der Gruppierungen innerhalb der Gesellschaft. Aber es werden eben alle Repräsentanten zusammengerufen. Kommuniziert wird nicht nur mit einigen Auserwählten, während andere davon ausgeschlossen bleiben. Auch so wird ein Gesamtforum geschaffen. Alle sind eingebunden, beteiligt, niemand wird ausgegrenzt. Vorrangstellungen und Zurücksetzungen kennt diese Kommunikationsstruktur nicht.

Genau das aber geschieht in der durchschnittlichen sozialen Kommunikation in- und außerhalb der Kirche leider nur zu oft. Sie richtet sich gern an Bestimmte, an die vermeintlich Wichtigen und Verständigen, und grenzt andere von der Teilhabe am Gedankengut, am Wissen und der Sicht, der Meinung und Empfindung von Leitung aus. Solche bevorzugende Führungskommunikation wirkt destruktiv.

Ein zweites Übel: Die soziale Kommunikation kommt oft nicht über Gruppenforen hinaus. Die einzelnen Bereiche, Clans, Stämme, Teams bleiben unter sich, reden zwar innerhalb viel miteinander, aber je länger, je mehr sich auch in Abgrenzung zu andern hinein, die auch zum Volk und Unternehmen gehören. Mose und Josua, Samuel und Salomo und die anderen Führer Israels schaffen dagegen Gesamtforen.

Das biblische Israel hatte ein feines Gespür für die kritischen Punkte jeder Gesellschaft. Als Volk mit der Gnade der späten Geburt hat es bei anderen Völkern, etwa in Ägypten, die entscheidenden Bedingungen des Ge- und des Misslingens von Zusammenleben und Gesellschaft studieren können. In der Organisation des Informationsflusses und Austauschs, der Mitteilung und des Gesprächs innerhalb einer Gesellschaft hat es dabei wohl einen solchen Scheidepunkt entdeckt.

Gemeinschaft und Fortschritt, das muss den Israeliten aufgegangen sein, braucht eine nachbarschafts- und gruppenübergreifende Organisation der Kommunikation. Wenn das Gespräch der Gesellschaft überhaupt nicht organisiert ist und gleichsam dem freien, informellen Spiel der Einzelnen und Gruppen überlassen bleibt oder nur auf Teil- oder Parteiforen stattfindet, dann entstehen Konflikte über Konflikte. Gesellschaft kann dann keine Form entwickeln. Darum: *ganz, alle, gesamt.*

Auch unsere sogenannten modernen Demokratien haben das erkannt und Gesamtforen für das Gespräch der Gesellschaft institutionalisiert. Der Bundestag, die Landtage, die Kreistage oder die Gemeinderäte sind solche über das Delegiertenprinzip hergestellte repräsentative Versammlungen der jeweiligen Gesamtheiten. So wie es uns der biblische Film erzählt, hatten sie allerdings in Israel wohl öfter auch den Charakter der Landgerichtsgemeinde im Schweizer Kanton Appenzell, wo sich bis heute alle Bürger zur Beratung und Entscheidung wichtiger Angelegenheiten ein Mal pro Jahr versammeln.

Es war im übrigen keineswegs ein Monolog, den die Führer Israels mit dem *ganzen Volk* führten. Monologe integrieren weniger. Israels Führer kommunizierten dialogisch. Auch das Volk äußerte sich, teilte sich mit. An vielen Stellen erzählt das der biblische Film. Besonders eindrucksvoll wird das Hin und Her am Beispiel des „Landtags von Sichem", als Josua dem Volk in kritischer Situation die Gretchenfrage stellt, wem es dienen will, Gott, dem Herrn, oder den Göttern der Amoriter, in deren Land die Israeliten damals wohnten. Die Bibel erzählt:

Das Volk antwortete: Das sei uns fern, dass wir den Herrn verlassen und anderen Göttern dienen ...
Josua 24, 16

Josua, der seine Pappenheimer kennt, hat noch seine Zweifel an der Ernsthaftigkeit dieser Antwort.

Das Volk aber sagte zu Josua: Nein, wir wollen dem Herrn dienen. Josua antwortete dem Volk: Ihr seid Zeugen gegen euch selbst, dass ihr euch für den Herrn und für seinen Dienst entschieden habt. (Sie antworteten: Das sind wir.) Schafft also jetzt die fremden Götter ab, die noch bei euch sind, und neigt euer Herz dem Herrn zu, dem Gott Israels. Das Volk sagte zu Josua: Dem Herrn, unserem Gott, wollen wir dienen und auf seine Stimme hören.
Josua 24, 21 - 24

Die drohende Spaltung ist überwunden. Das Volk bildet wieder eine Einheit. Ob es genau so ablief? Die Bibel verdichtet vieles. Und da und dort schönt sie auch etwas nach. Protokolle der Geschehnisse liefert sie uns nicht. Sie erzählt für nachfolgende Generationen, auch mit einem pädagogischen Unterton. Da kommt es dann auf die Detailgenauigkeit nicht an. Leitimpulse transportiert sie, hier den Leitimpuls einer Versammlung des ganzen Volkes zur Richtungsentscheidung - und das alles tausende Jahre vor der Französischen Revolution und dem Aufkommen der modernen Demokratien.

Mit dieser Führungskommunikation lief es keineswegs nur in der Frühzeit des biblischen Volkes Gottes so. Das Leitbild vom repräsentativen Gesamtforum zur Information und zum Austausch aus den Anfangszeiten hat weitergewirkt. Sicher gab es auch Phasen, in denen es verblasst war, weil die Führungsschicht es missachtete und Kommunikation nur in ihren Zirkeln, mit Parteigängern oder ausgesuchten Grüppchen betrieb - Herrschaftskommunikation also.

Doch ganz in die Vergessenheit geriet es nie, dass eine Gesellschaft der Geschwister im Angesicht des einen Vaters sich gerade in der Struktur der Kommunikation zwischen den in den Denkmustern der Welt oben und unten, vorne und hinten Eingeordneten als Alternative zu erweisen hat. Nicht von ungefähr findet die Teilhabe aller an der Berichterstattung und Beratung über die wichtigen Belange in den frühchristlichen Gemeinden eine Wiederaufnahme und Belebung. Da stößt man in der Apostelgeschichte beispielsweise auf folgende Szene:

In diesen Tagen, als die Zahl der Jünger zunahm, begehrten die Helenisten gegen die Hebräer auf, weil ihre Witwen bei der täglichen Versorgung übersehen wurden. Da riefen

die Zwölf die ganze Schar der Jünger zusammen und erklärten . . .
Apostelgeschichte 6,1 f.

Das Ergebnis dieser Zusammenkunft war die Wahl der ersten sieben Diakone im noch jungen Unternehmen Jesu, der Kirche. Einige Zeit später, als das Volk Gottes bereits im östlichen Mittelmeerraum Fuß gefasst hatte, ergab sich Klärungsbedarf in der Streitfrage, ob Heiden sich auch der jüdischen Beschneidung unterziehen müssten, wenn sie Christen werden wollten.

Da beschlossen die Apostel und die Ältesten zusammen mit der ganzen Gemeinde . . .
Apostelgeschichte 15, 22

Es wurde also wieder ein Gesamtforum einberufen. Diese Versammlung ging in die Geschichte der Kirche als das erste Konzil ein. Auch nach der sogenannten apostolischen Zeit hat die Kirche nicht mit der Tradition gebrochen, alle einbeziehende Kommunikation zu organisieren. Konzilien, Synoden oder die Kapitel bei den Ordensgemeinschaften sind solche institutionalisierten Foren der Beteiligung aller. Aber sie haben doch eher Ausnahmecharakter und Seltenheitswert.

Die Frage ist: Was läuft an Kommunikation zwischen Leitung und Basis jenseits dieser raren Höhepunkte im Leben des Volkes Gottes. Wenn in der Zwischenzeit nicht auch Bemühen erkennbar wird, alle einzubeziehen, dann laufen sie Gefahr, zu Alibi-Veranstaltungen zu werden und Akzeptanzschwierigkeiten zu bekommen.

Also: Was läuft alltäglich in den Caritas- und Diakonieverbänden, in den Pfarrgemeinden und Krankenhäusern, den Altenheimen und Behindertenwerken? Läuft die Kommunikation mit *ganz Israel?* Ist das Bemühen erkennbar, *alle* ernst zu nehmen und an den Geschehnissen zu beteiligen?

Natürlich gibt es vielerorts mehr oder minder regelmäßige Zusammenkünfte von Ausschüssen. Es gibt Teamsitzungen, Abteilungsbesprechungen. In Krankenhäusern gibt es Stationsleitungsrunden und Chefarztkonferenzen. Es gibt Arbeitsgruppen und Qualitätszirkel. Aber bleibt das nicht weitgehend Gruppenkommunikation, so wichtig die ist? Wie steht's um das Gespräch der Gesamtgesellschaft „St. Marien, St. Franziskus, St. . . . ,"? Gut, es gibt Weihnachtsfeiern mit Ansprachen. Es gibt Gespräche mit der Mitarbeitervertretung. Vielerorts gibt es Pfarrbriefe, in Betrieben Hauszeitungen, in denen Leitung alle informiert. Aber ist das schon die echte, ursprüngliche Versammlung *ganz Israels?*

Gewiss, man kann nicht dauernd Generalversammlungen halten, schon gar nicht in kirchlichen Unternehmen, die nicht einfach die Räder für die Versorgung der Kranken still legen können.

Aber denkbar wäre doch von Zeit zu Zeit die Zusammenkunft aller *Ältesten* mit der Gesamtleitung, aller, die in Leitungsfunktion stehen, gleich, ob in einem scheinbar hohen oder niedrigen Dienst. Themen gibt es genug, die alle angehen, in diesen schwierigen Zeiten.

Und könnte die Unternehmensleitung nicht viertel- oder halbjährlich alle im Haus zu einem Abend einladen, an dem sie darüber Bericht erstattet, was ansteht, in Planung ist, Sorgen bereitet und auch Freude macht, an dem sie Fragen aufwirft und um Meinung bittet, aber sich auch den Fragen der Mitarbeiterschaft stellt und antwortet.

Mag sein, dass bei weitem nicht alle kommen wollen und können. Aber bei *ganz Israel* war wahrscheinlich auch nicht immer Vollzähligkeit gegeben. Es geht darum, dass alle die Ehre und Chance bekommen, teilzuhaben und sich mitzuteilen. Weil alle Kinder des einen Vaters im Himmel sind. Wo jahrzehntelang Ab- und Ausgrenzung herrschte, wird sich die Distanz zwischen Leitung und „Fußvolk" wohl kaum von heute auf morgen vergleichgültigen. Aber muss das daran hindern, anzufangen? Kann menschliche Kultur anders kommen als übers Wachstum?

Auch die Sonntagsgottesdienste in den Kirchengemeinden müssen nicht für alle Zukunft so bleiben, wie sie gegenwärtig sind, so monologisch, so priesterdominant, so formalisiert. Es gab sie im Verlauf der Kirchengeschichte durchaus schon um einiges lebendiger und kommunikativer. Beispielsweise könnten Vertreter des Pfarrgemeinderates, der Kirchenverwaltung, des Kindergartens oder der Sozialstation der Gemeinde auf dieser Hauptversammlung der Christgläubigen gelegentlich darüber berichten, was bei ihnen gerade ansteht oder Frage ist und sich Meinung und Anregung holen.

Auch das Hören und Deuten des Wortes Gottes lässt sich um einiges dialogischer und lebensnaher denken, als Austausch der Gedanken und Empfindungen über die biblischen Lesungen in den Bankreihen und dann im Plenum zwischen dem Volk Gottes in den Bankreihen und seiner Führung im Altarraum - Kirche, in der Schwätzen und Lachen, Klagen und Klatschen nicht verpönt, sondern geradezu erwünscht sind.

Unmöglich, dass Leitung heute mit der ganzen Gemeinde und Dienstgemeinschaft intensiv wechselseitig kommuniziert? Vorsicht! In der Kirche sollte man äußerst zurückhaltend mit der Prognose „Es geht nicht" sein. Denn bekanntlich verkündet sie immer wieder, dass bei Gott kein Ding unmöglich ist, nicht mal Berge zu versetzen.

Wer es aber gern weniger utopisch hätte und nach dem

winzigen Senfkorn sucht, mit dem alles Große beginnt, bitte: Es gäbe da auch die Möglichkeit, dass Leitung, in welchem Zuständigkeitsbereich auch immer, sich einfach mal prüft:

- Mit wem kommuniziere ich (kommunizieren wir) hauptsächlich? Und wer bleibt dabei warum eher außen vor?

- Wie halte ich (halten wir) es mit dem „ganz"? Welchen Stellenwert messe ich (messen wir) dem „alle" zu?

- Wie weit setze ich (setzen wir) andere von meinem (unserem) Tun, meinen (unseren) Beratungen und Beschlüssen in Kenntnis?

- Was könnte ich (könnten wir) in meiner (unserer) Informations- und Kommunikationspraxis verbessern?

- Was will ich (wollen wir) mit Gottes Hilfe mal wagen und probieren? Bis wann?

Vermutlich beginnt es so mit Communicatio, aus der Communio erwächst, mit einer selbstkritischen, stillen Gewissenserforschung oder Ist-Analyse und kleinen Vorsätzen oder Zielen, die Leitung sich gibt. Und das immer wieder mal. Kontinuierlich.

Wer ganz groß rauskommen möchte

Zum Kernpunkt christlicher Führungsphilosophie

Da traten Jakobus und Johannes, die Söhne des Zebedäus, zu ihm und sagten: Meister, wir möchten, dass du uns eine Bitte erfüllst. Er antwortete: Was soll ich für euch tun? Sie sagten zu ihm: Lass in deinem Reich einen von uns rechts und den andern links neben dir sitzen. Jesus erwiderte: Ihr wisst nicht, um was ihr bittet. Könnt ihr den Kelch trinken, den ich trinke, oder die Taufe auf euch nehmen, mit der ich getauft werde? Sie antworteten: Wir können es. Da sagte Jesus zu ihnen: Ihr werdet den Kelch trinken, den ich trinke, und die Taufe empfangen, mit der ich getauft werde. Doch den Platz zu meiner Rechten und zu meiner Linken habe nicht ich zu vergeben; dort werden die sitzen, für die diese Plätze bestimmt sind.

Als die zehn anderen Jünger das hörten, wurden sie sehr ärgerlich über Jakobus und Johannes. Da rief Jesus sie zu sich und sagte: Ihr wisst, dass die, die als Herrscher gelten, ihre Völker unterdrücken und die Mächtigen ihre Macht über die Menschen missbrauchen. Bei euch aber soll es nicht so sein, sondern wer bei euch groß sein will, der soll euer Diener sein, und wer bei euch der Erste sein will, soll der Sklave aller sein. Denn auch der Menschensohn ist nicht gekommen, um sich dienen zu lassen, sondern um zu dienen und sein Leben hinzugeben als Lösegeld für viele.

Markus 10,35 - 45

Immer das Gleiche: Es geht um Macht, Einfluss, Herrschaft, die besseren Plätze, die vorderen Ränge, die eigenen Vorteile. Auch das Unternehmen Kirche samt seinen Filialbetrieben ist davon nicht ausgenommen. Schon in seinen Anfängen, unter den biblischen Jüngern, lief es nicht anders.

Jakobus und Johannes versuchen schon einmal vorab, sich für den Zeitpunkt von Jesu Amtsantritt als strahlendem Messias gut zu positionieren. Sie wollen links und rechts von Jesus sitzen, wenn es richtig losgeht, nicht auf den hinteren Bänken. Möglichst nah wollen sie dran sein am Zentrum der Macht, mitmischen, groß rauskommen, im Vordergrund und Rampenlicht stehen, dort sein, wo die Musik spielt.

Auch das ist uns nicht fremd: Die beiden Brüder versuchen dabei, die andern, die Kollegen, irgendwie auszutricksen. Als es ihnen günstig erscheint, machen sie sich an Jesus heran, ganz höflich, mit einer Bitte auf den Lippen. Unter sich hatten sie ihre Karrierevorstellungen wohl schon öfter thematisiert, vielleicht auch mit Blick auf ihre Familie daheim. Für die sollte auch was rausspringen. Familienbande sind erfahrungsgemäß ziemlich stark.

Und wie es eben so läuft, wenn es nicht ganz transparent zugeht, wenn einzelne oder eine Gruppe etwas link, hintenherum, den eigenen Vorteil sucht: Es gibt Ärger unter den zehn anderen Jüngern. Verständlich. Denn auch sie haben ihre Interessen. Und nun sollten sie glatt übergangen werden.

Nichts Außergewöhnliches, was uns das Markusevangelium da über die Jünger erzählt. Die üblichen Spielchen in jeder Gesellschaft führt es uns vor Augen. Auch die Christen des Anfangs waren zunächst nur Durchschnitt. Sogar die, die später zur „Ehre der Altäre" erhoben wurden, trugen offenbar nicht gleich einen Heiligenschein. Nicht mal die späteren „Säulen" des jungen Unternehmens Kirche, die fürs Management ausgewählten „Apostel", hatten von Anfang an die richtige Einstellung zur Sache Jesu. Beruhigend.

Für den Ausbruch aus der Normalität und die Wende zur Ungewöhnlichkeit sorgt einzig und allein Jesus mit seiner Führungskunst. Er hätte mehrere Möglichkeiten gehabt, mit dem Anliegen der Jünger umzugehen. Er hätte ihnen beispielsweise die Bitte wider besseres Wissen erfüllen können, aus „Liebe" und „Güte", oder auch nur deshalb, um die beiden nicht zu enttäuschen und sich etwaige Scherereien vom Hals zu halten - ein keineswegs seltenes Umgangsmuster mit Mitarbeiterwünschen. Jesus wählt es nicht. Er schlägt ihnen die Bitte ab.

Er hätte auch - ein anderes beliebtes Reaktionsmuster in Leitungskreisen, wenn die Anliegen der Mitarbeiter nicht genehm sind - erst einmal Bedenkzeit erbitten und so die Behandlung des Wunsches elegant vertagen können, in der Hoffnung, dass er sich dann irgendwie von selbst erledigt. Doch die Probleme auszusitzen ist nicht Jesu Art.

Er geht auch nicht stillschweigend über das Missverständnis seiner beiden Mitarbeiter hinweg, mit ein paar netten, ausweichenden Sätzen auf den Lippen, während er sie insgeheim für etwas bescheuert hält, was er ihnen so aber auch wieder nicht zu verstehen geben will. Jesus windet sich nicht und mogelt nicht. Er nimmt klar und offen zum Ansinnen der beiden Stellung: Aus seiner Sicht ist es ziemlich falschen Vorstellungen erwachsen. Schweren Missverständnissen vom „Reich Gottes" und der dort benötigten menschlichen Leitung sitzen sie auf. Von wegen Macht, Herrschaft und Glanz im üblichen Sinn läuft da nichts und soll auch - um Gottes und der Menschen willen - nichts laufen.

Das gibt Jesus den beiden Brüdern zu verstehen. Klar und deutlich, unverwässert, spricht er sie auf den Denkfehler an, aber keineswegs erbost wegen ihrer Verstricktheit in die gängige menschliche Vorstellungswelt. Er erklärt, argumentiert, begründet. Und weil die beiden Brüder nur ausgesprochen hatten, woran wohl auch den andern lag, die er in die Führungsgruppe für sein Unternehmen berufen hatte, gibt er allen eine Unterweisung im Führungsverständnis der anderen, der himmlischen Art. Leiten hat eben auch viel mit Lehren, Unterrichten, Erziehen, Ausbilden zu tun, mit der Vermittlung, dem Aufweis, der Klarstellung des prinzipiell Guten, Richtigen.

Vermutlich enthielt die Lektion ursprünglich mehr als die paar Worte und Sätze, die uns das Markusevangelium überliefert. Den biblischen Autoren lag nicht daran, die Geschehnisse wortwörtlich zu protokollieren. Sie verdichten gern, fokussieren die Szenen auf das Wesentliche, das immer Bleibende, das für alle Zeit Richtungsweisende. Und das läuft darauf hinaus, das

Unternehmen Volk Gottes im Kontrast zu denken, abgesetzt von den sonst üblichen Strukturen und Mustern, als eine soziale Alternative, mitten in der Welt, aber nicht von der Welt, und zwar anders in allen Dimensionen einer Gesellschaft.

Von diesem Ansatz her braucht es auch eine andere Qualität von Leitung, Führung, Management im Volk Gottes, gleich in welchem Betriebsteil und auf welcher Ebene. Wer im Unternehmenskonzern Jesu eine Leitungsposition inne hat oder anstrebt, hat sich abzusetzen von jedweder Form des herrschenden Leitens und Managens. Darauf, dienend zu leiten und zu managen, muss sich das Sinnen und Trachten der Ersten, Großen, Oberen bei Christen richten.

„Dienen statt herrschen" lautet die Leitformel für Leitung im Unternehmen Volk Gottes. Das klingt gut, sympathisch, attraktiv. Doch Vorsicht: Der Begriff des Dienens hat eine inflationäre Ausweitung bis zur Unkenntlichkeit erfahren. Wohin man heute schaut, es finden sich nur Dienste und Diener. So viel „Dienen" war nie, nicht in der Kirche und nicht außerhalb.

Da dienen der Papst und der Vatikan den Dienern Christi, Bischöfe ihrer Diözese, Pfarrer ihrer Gemeinde. Die Minister dienen dem Volk, die Parteien der Willensbildung. Telekom dient dem gesellschaftlichen Austausch, die Fernsehanstalten der Information und Unterhaltung, die Automobilindustrie der Mobilität der Gesellschaft.

Ist die Zeit des Herrschens passé?

Verbal ist das Herrschen nahezu ausgestorben. Es ist zum unschönen, missbilligten Wort in der Gesellschaft der Dienstleister geworden. Niemand möchte mehr als Herrscher tituliert werden. Das schickt sich nicht. Heißt das aber auch schon, dass jenes Dienen in Blüte steht, das Jesus der designierten Führungsmannschaft seines Unternehmens im Markusevangelium ans Herz legt?

Er hat *Erste* und *Große* vor Augen, die nicht auf ihre persönlichen Interessen und Vorteile aus sind, die nicht zu den ViPs gehören und in der Öffentlichkeit gut dastehen, die nicht für sich rausholen, was sie an Ruhm, Ehre, Sicherheit, Privilegien und auch materiellem Gewinn rausholen können.

Selbstbediener und Wichtigtuer, Gernegroße und Ausbeuter, Möchtegerne und Druckmacher, Aufbläher und Schreihälse, Karrieristen und Sich-selbst-Erhöher, Intriganten und Geltungssüchtige, Sessel-Kleber und Ehrgeizlinge, Aufschneider und Egozentriker - sie mögen in vielen Unternehmen dieser Welt als tauglich für die Chefsessel erscheinen. Für die gottgewollte Unternehmenskultur des Volkes Gottes eignen sie sich als Führungskräfte nicht sonderlich.

Die braucht Menschen, die „ich", „mich", „mir", „mein" ganz klein, dafür aber „du", „wir", und „unsere" gemeinsame Sache ganz groß schreiben. Diener fragen und denken vom Wohl „der Herrschaften" und des Hauses her, gute Diener jedenfalls. Sie sind persönlich bescheiden. Zurückhaltung und Demut zeichnen sie aus. Sie lärmen und poltern nicht, drängen sich nicht auf und vor. Sie stellen ihr Leben in die Sorge für andere, für die Familie, das Haus.

Ich weiß, mit diesen wenigen Strichen ist die Formel „Dienen statt herrschen" nur unzureichend inhaltlich bestimmt. Zumal angesichts der vielen konkreten Fragen, die sich in Leitungspositionen jeden Tag neu stellen, bräuchte es viel weitere Entfaltung dessen, was dienende Leitung ausmacht und was sie wann wie tut und lässt.

Das Markusevangelium gibt uns diese Konkretisierung für alle Eventualitäten nicht. Auch an anderen Stellen der Bibel finden sich die Was-tun-wenn-Antworten nicht. Es kann sie wohl auch gar nicht geben. Zu komplex ist das Alltagsgeschehen, als dass sich für alle Situationen, Probleme und Konflikte das passende Rezept formulieren ließe.

Wer in Sachen dienende Leiterschaft weiterkommen will, findet jedoch am Ende von Jesu Lektion über christliche Leitung einen heißen Tipp: Jesus verweist in seiner Begründung für die Formel „Dienen statt herrschen" auf den *Menschensohn*. Auch der sei nicht gekommen, um sich wie die großen Herrschaften bedienen zu lassen, sondern um sich selbst wie ein Diener für das Wohl anderer, aller in der Familie Gottes einzusetzen.

Damit gibt Jesus die Richtung vor, in der die Konkretionen für die dienende Leitung im Volk Gottes und all seinen Untergliederungen zu suchen wären. Am *Menschensohn* sollten sich die Christen hauptsächlich orientieren, wenn sie lernen wollen, wie Leitung in Organisationen tickt, die unter dem Anspruch *Bei euch aber soll es nicht so sein* stehen, und nicht an den großen Managern der großen Konzerne mit den großen Namen.

Dienende Leiterschaft hat ein Vorbild, ein Beispiel, ein Modell: Jesus Christus. Wer ihn meditiert, auf ihn hört und schaut, wird die konkreten Antworten auf die konkreten Fragen finden, die sich im Alltag stellen, vielleicht nicht immer und nicht immer sofort. Aber je länger, je mehr wird er sich den *Menschensohn* einbilden und aus dieser Verinnerlichung des Meisters aller dienenden Leitung heraus dienend leiten.

Dafür stehen Jakobus und Johannes, die Söhne des Zebedäus, und die zehn anderen Jünger als Beleg, wenn wir einmal über die Szene im Markusevangelium hinaus ihren Lebensweg verfolgen. In der Schule des *Menschensohnes* erlebten sie die Verwandlung vom anfänglichen Durchschnitt zur heiligen, außergewöhnlich heilsamen und erfolgreichen Führungsmannschaft des Volkes Gottes. Gaben sie ihm nicht - mit Gottes Hilfe - ein faszinierend attraktives Profil am Markt? Stellten sie nicht - vom Hl. Geist geführt - die Weichen für einen unglaublichen Aufschwung des Unternehmens Jesu?

Damit für alle mehr rausspringt

Von der Ökonomie der anderen Art

Und nun zur Frage aller Fragen auf den Führungsetagen und in den Managementzirkeln vieler kirchlicher Unternehmen, zur Frage nämlich: Wo soll das noch enden, wenn es finanziell so weitergeht, dass die Kosten den Einnahmen davonlaufen und das Rationalisierungspotential sich erschöpft?

Zieht das Ende der Menschlichkeit herauf, wenn es nicht schon angebrochen ist, wie manche klagen? Kommt es zum Arbeitsplatzverlust in kirchlichen Unternehmen, zur Schließung von Betrieben? Was in der Kirche - hierzulande jedenfalls - jahrzehntelang kein Thema war, bereitet nicht wenigen auf Leitungspositionen mittlerweile schlaflose Nächte.

Zumal man gerade von kirchlichen Betrieben erwartet, dass Geld keine nennenswerte Rolle spielt und finanzielle Zwänge sie nicht in Schwierigkeiten bringen könnten.

Die Kirchen stehen auch ökonomisch gleichsam unter der Last des höheren Anspruchs. Als ob ihre Glaubwürdigkeit geradezu mit der Ökonomie stehe und falle. Wenn Kirche Arbeitsplätze abbaut, wiegt das schwerer - in der Medienöffentlichkeit und in der Mitarbeiterschaft.

Was tun auf den Managementetagen und in den Führungszirkeln kirchlicher Unternehmen in diesen sorgenvollen Zeiten, wo guter Experten-Rat selbst auch nochmals ziemlich teuer kommt und nur zu häufig sehr beredt empfiehlt, was man ohnehin schon weiß? Was tun?

Mein Vorschlag: Zunächst einmal die folgenden Auszüge aus dem Buch der Bücher studieren! Das erfordert etwas Zeit, belastet aber die angespannte finanzielle Lage nicht mit weiteren Kosten. Das „Wort des lebendigen Gottes" hat durchaus Inspiration zur Lösung der Frage aller Fragen zu geben.

Petrus sagte zu ihm: Du weißt, wir haben alles verlassen und sind dir nachgefolgt. Jesus antwortete: Amen, ich sage euch: Jeder, der um meinetwillen und um des Evangeliums willen Haus oder Brüder, Schwestern, Mutter, Vater, Kinder oder Äcker verlassen hat, wird das Hundertfache dafür empfangen: Jetzt in dieser Zeit wird er Häuser, Brüder, Schwestern, Mütter, Kinder und Äcker erhalten, wenn auch

unter Verfolgungen, und in der kommenden Welt das ewige Leben.
Markus 10, 28 - 30

Die Gemeinde der Gläubigen war ein Herz und eine Seele. Keiner nannte etwas von dem, was er hatte, sein Eigentum, sondern sie hatten alles gemeinsam. Mit großer Kraft legten die Apostel Zeugnis ab von der Auferstehung Jesu, des Herrn, und reiche Gnade ruhte auf ihnen allen. Es gab auch keinen unter ihnen, der Not litt. Denn alle, die Grundstücke oder Häuser besaßen, verkauften ihren Besitz, brachten den Erlös und legten ihn den Aposteln zu Füßen. Jedem wurde davon so viel zugeteilt, wie er nötig hatte. Auch Josef, ein Levit aus Zypern, der von den Aposteln Barnabas, das heißt übersetzt Sohn des Trostes, genannt wurde, verkaufte einen Acker, der ihm gehörte, brachte das Geld und legte es den Aposteln zu Füßen.
Apostelgeschichte, 4, 32 - 37

Sage bitte niemand mehr, das „Wort des lebendigen Gottes" handele nur von Religion und Gesinnung, Glaube und Gebet. Es handelt auch vom Handfesten, vom Materiellen, vom Besitz, Eigentum, Vermögen, von Immobilien, vom Geld, und nicht nur an diesen Stellen. Es gäbe noch viele andere dieser Art zu zitieren. Da stößt man dann sogar auf Stichwörter wie Darlehen, Zins und

Schuldenerlass.

Glaube bitte auch niemand mehr auf den Managementetagen, in der Bibel sei von Geld allenfalls oder hauptsächlich im Sinn von Almosen die Rede, von Spenden für einen guten, „mildtätigen" Zweck zur Behebung der schlimmsten Nöte unter den Ärmsten und Verelendeten dieser Erde, oder von Spenden für die Mission.

Im und übers Christentum gibt es wenig größere Missverständnisse als das um den „schnöden Mammon" und seine Verwendung. Nichts gegen die Spende für die Caritas und für Missio, Brot für die Welt und Adveniat, um Gottes Willen nicht. Sie gefallen dem Herrn. Aber alles gegen die Reduzierung von Gottes Wille in punkto Besitz und Geld hauptsächlich auf deren Einsatz zur Bekämpfung der vielen Brandherde in der heillosen Welt.

In der Bibel stehen Geld und Besitz hauptsächlich in einem anderen Verwendungszusammenhang: dem der Investition in das Projekt „Israel", Volk Gottes, Gemeinde Jesu, dem der Verwendung zum Aufbau und zur Weiterentwicklung des Unternehmens, dessen erster und letzter Herr und Eigentümer Gott selber ist.

Wenn die Mitglieder der Urgemeinde, des Mutterbetriebes aller weiteren Filialen im großen Konzern Kirche, ihre Grundstücke oder Häuser verkaufen und den Erlös den Aposteln zu Füßen legen, dann zahlen sie sozusagen in die Gemeindekasse ein. Sie stellen der Leitung des noch kleinen Unternehmens Kirche ihr Eigentum zur Verfügung, alles, was sie für sich privat nicht brauchen, damit die Apostel damit entsprechend wirtschaften können, und zwar mit dem Ziel, allen in der Gemeinde zu dem ihnen Nötigen zu verhelfen.

Die Apostel scheinen ziemlich erfolgreich gewirtschaftet zu haben, denn laut Apostelgeschichte *ruhte reiche Gnade auf ihnen allen.* Es ging dem Unternehmen gut. *Die Gemeinde der Gläubigen war ein Herz und eine Seele . . . Es gab auch keinen unter ihnen, der Not litt.* Das kleine Unternehmen Kirche war offenbar - materiell und motivational - ein Stück heile, bessere, neue Welt, eine ohne die Schwachstellen und Minuszeichen der üblichen, gewöhnlichen, alten. Die Führungsschicht dürfte zumindest hinsichtlich der materiellen Grundlagen und der Zufriedenheit der Unternehmensangehörigen besser geschlafen haben, als es viele ihrer Nachfolger und Nachfolgerinnnen in manchen Unternehmensteilen des Großkonzerns Kirche heute können.

Mag sein, dass die Apostelgeschichte die Urgemeinde etwas schönt und es auch damals nicht jeden Tag nur den puren Himmel auf Erden gab. Wir brauchen bloß weiterlesen und erfahren, dass ein Ehepaar namens Hananias und Saphira die Aposteln beschummeln wollte. Doch ganz fern der Realität idealisiert das „Wort

Gottes" die Verhältnisse damals nicht. Im jungen Unternehmen Kirche ging in Erfüllung, was Jesus seinem Schüler Petrus in Aussicht gestellt hatte. Petrus hatte Jesus nach dem Lohn für den Einsatz des privaten Hab und Guts gefragt, von *Haus und Äckern*. Jesu Antwort spricht von einem Riesenzugewinn, an Familie und auch an materieller Lebensgrundlage.

Jesus redet dabei nicht einem Verzicht um des Verzichtes willen das Wort. Er hat vielmehr einen Einsatz von Privatbesitz im Sinn, der unterm Strich mehr bringt: mehr Geborgenheit, Sicherheit, Gemeinschaft, auch mehr materielle, existentielle Absicherung. Sein Interesse zielt nicht auf die Verelendung der Seinen, sondern auf ihr Aufleben, nicht auf weniger, sondern auf mehr, auf Leben in Fülle.

Natürlich will er das, werden viele Christen zustimmen und dabei ans Jenseits denken, die Zeit nach dem Tod, droben im Himmel, wenn alles sich auszahlt, was wir hier auf Erden verzichtend einzahlen. Aber davon redet Jesu Antwort nicht. Jesus denkt viel irdischer, materieller. Er redet übers *Jetzt, in dieser Zeit*, wenn er hundertfachen Zugewinn an Familie und auch an Äckern und Häusern in Aussicht stellt.

Er denkt eben ökonomisch ganz anders als das landläufige Christentum. Das hat sich in seiner Ökonomie weitgehend unbefragt selbstverständlich an das Wirtschaften in der Welt angepasst. Darum kann es sich gegenüber Jesu Verheißung und vielen anderen biblischen Verheißungen mit materiellem Inhalt nicht anders helfen als mit deren Vergeistigung oder Verjenseitigung. Die Rezeption der Bibel überhört dann einfach ein paar Worte, die stören könnten.

Jesus denkt ökonomisch anders, alternativ, weil er ganz in der Spur des Willens Gottes denkt. Und der zielt auf Israel, das Volk Gottes, gedacht als Gesellschaft, die auch in ihren materiellen Strukturen anders konstruiert ist als die Gesellschaften ringsum. Auch in punkto Besitz, Hab und Gut soll Israel nicht den Weg der Völker gehen.

Die sichern, schützen, favorisieren letztlich alle das Privateigentum und seine Vermehrung. Das für Gesellschaftsaufgaben Notwendige muss bei ihnen der Staat vom Einzelnen bzw. den Familien „eintreiben". Die Gemeinschaftsordnung des Volkes Gottes relativiert dagegen das Privateigentum zugunsten des Aufbaus der gemeinsamen Sache. Sie sieht vor, dass die Einzelnen und die Familien aus Begeisterung und Mitverantwortung für Gottes Projekt Israel freiwillig das Ihre einbringen und zur Nutzung für alle zur Verfügung stellen.

Nicht rausholen, was ich für mich kriegen kann, sondern einsetzen und zusammenlegen, was ich für mich nicht brauche, damit es allen besser geht und mehr möglich wird - das ist die Wirtschaftsformel der Alternativgesellschaft Volk Gottes, die der biblische Herr und Gott seit Abraham will, in der Welt, aber nicht von ihr.

Unsere Vorfahren im Glauben müssen gut studiert haben, was in der Welt schief läuft und zur Spaltung von Gesellschaft in Wohlhabende und Habenichtse, Großgrundbesitzer und Landlose, Arbeitslose und Arbeithaber mit Folgeproblemen über Folgeproblemen führt. Ihnen muss dabei aufgegangen sein, dass ein erzwungenes Ausgleichssystem die Probleme vielleicht abmildern, aber nicht auf Dauer lösen kann. Sie setzen auf das Wunder frei eingegangener Solidarität, wie sie überall in Ehe und Familie praktiziert wird. In Israel sollte sie jedoch die heirats- und blutsverwandschaftlichen Solidaritätsnetze überschreiten.

Als Wunder erwartet das die Bibel, von Gott her, nicht aufgrund eines menschlichen Willens- und Kraftaktes. Im Gefolge des gemeinsamen Glaubens an den einen „Vater im Himmel" erwartet das Volk Gottes die Entstehung einer neuen Familie über die gängigen Familienbande hinaus. In der Zuwendung zum e i n e n Herrn wird möglich, was unmöglich erscheint, eine Gesellschaft mit anderen, neuen, besseren, alle sichernden Solidaritätsstrukturen.

Nicht nur in der Urkirche hat sich das Wunder ereignet. Es hat sich auch danach fortgesetzt und dauert bis heute an. In Klöstern beispielsweise und manch anderen kirchlichen Gemeinschaften ist es zu bestaunen. Und auch in unseren Durchschnittsgemeinden sind noch kleine Reste des freiwilligen Investierens vom privaten Hab und Gut ins gemeinsame Projekt zu sehen, jeden Sonntag etwa, wenn „das Körbchen" rumgeht. Der Kirchensteuer allerdings ist kaum mehr anzumerken, dass es in der Kirche nach Gottes Willen um ein Wirtschaften der anderen Art gehen soll, und nicht bloß um mehr Wirtschaftlichkeit.

Unrealistisch? Ja natürlich, wie alles, was nur übers Wunder zu haben ist. Umgekehrt: Wie realistisch ist es, zu glauben, übers gängige weltliche Wirtschaften sich jemals den ökonomischen Zwängen und Problemen entwinden zu können, die vor allem in mageren Jahren viele ins soziale Aus stoßen.

Vielleicht müssen wir ja auch nicht gleich an das große Wunder ganzer Häuser und Grundstücke denken, die die Mitglieder kirchlicher Organisationen deren Management massenhaft zu Füßen legen. Es könnte ja auch eine Stunde Mehrarbeit sein, die man nicht als Überstunde abrechnet, oder die Spende eines Teils des Weihnachtsgeldes oder Jobsharing, wenn es nicht mehr für alle reicht, oder ein kleiner freiwilliger Gehaltsverzicht, bevor welche, meist die ohnehin Kleinen, outgesourct werden.

Ja vielleicht gehen diesen etwas kleineren Wundern noch kleinere voraus: etwa im Management der Verzicht auf jede Geheimniskrämerei um die finanzielle Lage und die offene, unverblümte Preisgabe auch der materiellen Sorgen und Grenzen, nicht nur gegenüber wenigen Vertrauten, sondern gegenüber der ganzen Dienstgemeinschaft. Oder das Wunder, dass das Management ohne falsche Scheu jenes ursprüngliche Wirtschaften der ganz anderen Art im Volk Gottes in Erinnerung bringt, das viele Einrichtungen der Diakonie und Caritas hervorgebracht und groß gemacht hat und das heute noch - siehe die Orden - manche Träger kirchlicher Einrichtungen praktizieren.

Ich weiß, auch diese eher kleineren Wunder sind fast noch undenkbar. Aber wie im Schlaraffenland läuft es natürlich nicht mit dem Leben in Fülle. Etwas Schweiß braucht's für die großen Wunder schon.

Was alle kennen und wissen sollen

Vom „minimal point" kirchlicher Personal- und Organisationsentwicklung

Das ganze Volk versammelte sich geschlossen auf dem Platz vor dem Wassertor und bat den Schriftgelehrten Esra, das Buch mit dem Gesetz des Mose zu holen, das der Herr den Israeliten vorgeschrieben hat. Am ersten Tag des siebten Monats brachte der Priester Esra das Gesetz vor die Versammlung; zu ihr gehörten die Männer und die Frauen und alle, die das Gesetz verstehen konnten.

Vom frühen Morgen bis zum Mittag las Esra auf dem Platz vor dem Wassertor den Männern und Frauen und denen, die es verstehen konnten, das Gesetz vor. Das ganze Volk lauschte auf das Buch des Gesetzes. Der Schriftgelehrte Esra stand auf einer Kanzel aus Holz, die man eigens dafür errichtet hatte. Neben ihm standen rechts Mattitja, Schema, Anaja, Urija, Hilkija und Maaseja, und links Pedaja, Mischael, Malkija, Haschum, Haschbaddana, Secharja und Meschullam.

Esra öffnete das Buch vor aller Augen, denn er stand höher als das versammelte Volk. Als er das Buch aufschlug, erhoben sich alle. Dann pries Esra den Herrn, den großen Gott; darauf antworteten alle mit erhobenen Händen: Amen, amen! Sie verneigten sich, warfen sich vor dem Herrn nieder, mit dem Gesicht zur Erde. Die Leviten Jeschua, Bani, Scherebja, Jamin, Akkub, Schabbetai, Hodija, Maaseja, Kelita, Asarja, Josabad, Hanan und Pelaja erklärten dem Volk das Gesetz; die Leute blieben auf ihrem Platz. Man las aus dem Buch, dem Gesetz Gottes, in Abschnitten vor und gab dazu Erklärungen, so dass die Leute das Vorgelesene verstehen konnten.

Der Statthalter Nehemia, der Priester und Schriftgelehrte Esra und die Leviten, die das Volk unterwiesen, sagten dann zum ganzen Volk: Heute ist ein heiliger Tag zu Ehren des Herrn, eures Gottes. Seid nicht traurig und weint nicht! Alle Leute weinten nämlich, als sie die Worte des Gesetzes hörten. Dann sagte Esra zu ihnen: Nun geht, haltet ein festliches Mahl und trinkt süßen Wein! Schickt auch denen etwas, die selbst nichts haben; denn heute ist ein heiliger Tag zur Ehre des Herrn. Macht euch keine Sorgen, denn die Freude am Herrn ist eure Stärke.

Auch die Leviten beruhigten das ganze Volk und sagten: Seid still, denn dieser Tag ist heilig. Macht euch keine Sorgen! Da gingen alle Leute nach Hause, um zu essen und zu trinken und auch anderen davon zu geben und um ein großes Freudenfest zu begehen; denn sie hatten die Worte verstanden, die man ihnen verkündet hatte.

Nehemia 8, 1 - 12

Ein denkwürdiger Tag in der langen Geschichte des Volkes Gottes, einer der besonders schönen, der heiligen, heilsamen, heilenden Tage, einer, der den Beteiligten Tränen der Rührung und Ergriffenheit in die Augen trieb, einer der großen Freudentage Israels, für alle Nachkommen und Zeiten des Volkes Gottes festgehalten.

Er ist bedenkwürdig auch für Interessenten an der Frage: Was macht das Spezifikum der Führung, Leitung, des Managements in Volk-Gottes-Unternehmen aus, ob es sich dabei nun um Ordensgemeinschaften, Pfarrgemeinden oder um Altenheime, Krankenhäuser,

Schulen oder andere Einrichtungen in kirchlicher Trägerschaft handelt?

Natürlich ist der Tag so nicht wiederholbar. Kein besonderer Tag lässt sich eins zu eins kopieren. Wir haben nicht mehr den „Platz vorm Wassertor". Esra, Nehemia und die Leviten um sie herum auf dem Podest sind längst tot. Das Geschehen spielt hunderte Jahre vor Christi Geburt in Jerusalem, in einer bestimmten konkreten Situation mit bestimmter Stimmung im Volk. Es ist Aufbauzeit. Der Perserkönig Cyrus hatte dem ins babylonische Exil verschleppten Teil des Volkes Gottes erlaubt, heimzukehren und den Tempel, die Stadt und das verwüstete Land wieder aufzubauen. Esra und Nehemia organisieren das Vorhaben. Es geht ihnen nicht nur um den Wiederaufbau zerstörter Mauern. Es geht ihnen auch und noch mehr um die Neubegründung des Gemeinwesens samt Reform des religiösen Lebens.

Eine tiefgreifende Organisationsentwicklung gehen die beiden zusammen an, Esra, der Schriftgelehrte und Nehemia, der Beamte. Ihr Ziel: die Wiederherstellung Israels als Volk unter der Herrschaft Gottes. Eine neue Zuwendung Gottes zu seinem Volk und des Volkes zu seinem Gott haben sie vor Augen und daraus erwachsend eine neue Kultur auch des Zusammenlebens. Wir könnten auch sagen: Es geht ihnen um die Rückgewinnung von Identität und Profil als Volk Gottes unter den vielen anderen Völkern der Erde.

Sie wollen das, was nicht wenige in den großen christlichen Kirchen, in Caritas und Diakonie für das Volk Gottes als Ganzes und für seine verschiedenen „Stämme", Teile, Gruppen und Werke auch heute ersehnen: einen Stopp im Prozess der Verdunstung christlichen Geistes, christlicher Atmosphäre und christlicher Traditionen und eine heilsame Wende in Richtung Verlebendigung der Beziehung zu Jesus Christus, in dem Gott nach dem urchristlichen Glauben Gesicht und Stimme angenommen hat.

Die Frage ist: Wie kommt man da hin? Der Tag damals in Jerusalem bietet Antwort: Über die Unterweisung im *Gesetz des Mose* kommt man dort hin, über die Initiierung von gemeinsamen Lernprozessen zum Willen Gottes, wie ihn das *Buch des Gesetzes* Israels enthält. Über Fortbildung, Fortbildung, Fortbildung zur Thora, wir könnten auch sagen, über Fortbildung, Fortbildung, Fortbildung zur Gesellschaftsordnung des Volkes Gottes kommt man dort hin. Denn nichts anderes ist die Thora als das Grundgesetz und die Verfassung Israels.

Aber wir sind doch Christen und nicht Juden, und für uns gelten doch das „Neue Testament", nicht das Alte, Jesus, nicht Mose, wird man gegen diese Antwort vielleicht einwenden. Stimmt irgendwie und ist doch auch ziemlich falsch. Denn für uns gilt das Alte und das Neue Testament. Das Ganze ist unsere Bibel. Und damit gehört auch Mose zu dieser Grundlage, und das ohne Abstriche. Nicht von ungefähr kommen David und die Propheten, Nehemia, Esra und die Psalmen in unseren Gottesdiensten zum Vortrag.

Die Geschichte des Christentums beginnt eben nicht bei Jesus, sie reicht viel weiter zurück. Jesus war Israelit. Und er wollte niemals etwas anderes sein als ein wahrer, richtiger Israelit. Er kannte keine anderen heiligen Schriften als die, die wir zu den alttestamentlichen zählen. In ihren Denkmustern ist er groß geworden. Er hat die Bücher des Mose verinnerlicht, und die der anderen Propheten. Aus ihnen lebt er, sie leiten ihn.

Und niemals hat er damit gebrochen, um an ihre Stelle eine andere Lehre zu setzen. Auch wenn sich im Christentum hartnäckig die Vorstellung hält, mit Jesus habe etwas ganz Neues begonnen und darum sei alles vor ihm überholt, antiquiert, irrelevant: auf Jesus kann sie sich nicht berufen. Er betont in der Bergpredigt ausdrücklich:

Denkt nicht, ich sei gekommen, um das Gesetz und die Propheten aufzuheben. Ich bin nicht gekommen, um aufzuheben, sondern um zu erfüllen.

Matthäus 5,17

Jesus Sache ist es, endlich d i e Gesellschaft in der kaputten Welt zum Durchbruch zu bringen, die richtige, die wahrhaft menschliche, um die sich Gott seit Abraham im Volk Israel leidenschaftlich, aber nicht mit dem wünschenswerten Erfolg gemüht hat. Das Gesetz des Mose, die am Berg Sinai von Gott seinem Volk mitgeteilte Ordnung, ist für Jesu Sache die bleibende Grundordnung.

Ja die Sache Jesu ist ohne die Thora gar nicht angemessen zu verstehen. Sie hängt ohne Mose und die Propheten, ohne die alttestamentlichen Erzählungen und Leitlinien-Sammlungen in der Luft, gleichsam von ihren Wurzeln abgeschnitten. Darin dürfte wohl einer der gewichtigsten Ursachen für die Krise der Kirche heute liegen. Viel Christentum kennt seine Herkunft nicht und sieht seine Geschichte verkürzt.

Nur wer weiß, woher er kommt, kann wissen, wohin er gehen soll, sagt man in Afrika. Genau darum braucht es in der Kirche und ihren Unternehmen die große Bildungsoffensive, die an die Anfänge und Wurzeln zurückgeht und sie mit der Sache Jesu verbindet. Wie in der Zeit nach dem babylonischen Exil, in der diese Grundlage weithin in Vergessenheit geraten war, braucht es heute Esras und Nehemias - Leitungen, die dafür sorgen, dass die Bestimmungen der Thora in den Gemeinden, Orden, Verbänden, Unternehmen des Volkes Gottes wieder bekannt werden - im Wortlaut.

Im Wortlaut sollen sie bekannt werden, die Weisungen Gottes an Israel
- zum Verhältnis gegenüber Fremden und Andersgläubigen im Land
- zum Umgang mit der Schöpfung, mit Ackerboden und Tieren
- zum Sabbat und den Festtagen
- zum Besitz und Eigentum und überhaupt zum Wirtschaften
- zum Verhältnis gegenüber Gegnern und Feinden
- zum Thema Darlehen, Zinsen, Schuld
- zum Verhältnis gegenüber dem Nachbarn und Nächsten

und zu vielem anderen mehr.

Und sie sollen nicht nur zu Gehör kommen, sie sollen auch erklärt werden. Ihr Hintergrund, ihr Zusammenhang, ihre Bedeutung soll transparent werden. Erklärung, Erklärung, Erklärung - darauf hätte die Bildungsoffensive zum Wiederaufbau des Volkes Gottes und zur Profilierung seiner Gemeinden, Verbände, Werke, Unternehmungen hinauszulaufen. Damit die Bestimmungen der kirchlichen Gesellschaftsordnung auch verstanden, eingeordnet und angenommen werden können.

Nur vorgelesen, vorgesetzt, hingestellt, behauptet wird in der Kirche vieles. Uralte Begriffe werden einfach weitergesagt, uralte Rituale einfach weiterpraktiziert. Erklärt und begründet werden sie dagegen wenig. So wird vieles, was eigentlich tiefen Sinn macht, rätselhaft, befremdlich, komisch und altmodisch. Herkunfts- und Ursprungswissen tut not.

Es bräuchte dazu kein eigens angefertigtes Podest und keinen Platz vorm Wassertor. Es müsste sich auch nicht das ganze Volk Gottes dazu versammeln. Und die Bekanntmachung und Erklärung der Thora hätte auch nicht an einem einzigen Tag zu erfolgen. Das ließe sich alles anders organisieren.

Nur um eines käme man auch heutzutage nicht herum: um Organisatoren, um die Esras und Nehemias, um ein Management, das sich die Bekanntmachung und Erklärung der Gesellschaftsordnung des Volkes Gottes, die Vermittlung von Herkunfts- und Ursprungswissen ganz groß auf die Programmfahne schreibt, so groß, dass es sich selbst die Zeit nimmt, dabei zu sein, wenn „das Volk" zurück zu den Wurzeln geht. Einzig und allein darauf kommt es an.

Damals sei aber das Volk interessiert daran gewesen, zurück zu den Wurzeln zu gehen, könnte man dem entgegenhalten. Es hat darum gebeten, das Buch der Bücher herauszuholen. Diesbezüglich habe sich die Situation doch grundlegend geändert, das große Interesse an Gottes Wort und Weisung sei doch geschwunden.
- Ist es so?
Ist es wirklich so?

Wenn welche notorisch foul spielen

Zum Umgang mit Quertreibern und Störenfrieden

Eigentlich darf man nicht klagen, eigentlich läuft's ja ganz gut. Eigentlich ziehen viele engagiert mit. Eigentlich sind die meisten, Gott sei Dank, ganz in Ordnung. Eigentlich ... bis auf ein paar Quertreiber und schwarze Schafe halt.

Die schwierigen Fälle. Jede Organisation hat sie. Foulspieler, Außenseiter, Verweigerer, Nestbeschmutzer, Faulenzer, Störenfriede, die das Erscheinungsbild trüben und dem Management schwer zu schaffen machen - während der Arbeitszeit und darüber hinaus.

Auch in kirchlichen Unternehmen kommen sie vor und vergällen „Leitung" immer wieder den Tag und manchmal auch die Nacht. Was tun? Wie sie „bekehren" und integrieren oder zumindest ihren Negativeffekt minimieren?

Am Markt der Ratgeber für Führungskräfte werden

dazu allerhand Antworten und Empfehlungen feilgeboten, manche eher laut, schreierisch, andere still und leise. Ziemlich hinten in den Regalen liegt heute, was der „Herr" und „Meister", „Führer" und „Lehrer" der Christen rät.

Zugegeben, die Stichworte „Schwierige Mitarbeiter", „Problemfälle", „Störenfriede im Unternehmen" führt er nicht im Munde. Er handelt die Sache unter einem anderen Stichwort ab, dem Stichwort „Sünder".

Das allerdings halten im Blick auf Kirche heutzutage viele für ein komisches, antiquiertes Stichwort. Es wird gern mit „Buße und Beichte" in Verbindung gebracht, aber nicht mit modernen kirchlichen Unternehmen, mit lebendigen Gemeinden und mit Management.

Außerhalb der Kirche lebt das Stichwort merkwürdigerweise munter fort. Da gibt es „Verkehrssünder", ja sogar eine eigene Kartei, in der sie gesammelt sind. Im Fußball gibt es „Gelb- und Rotsünder". Letztere werden eine Zeit lang auch vom Spielbetrieb ausgeschlossen.

Im Sport und Verkehr gilt „Sünde" keineswegs nur als eine persönlich-private Schwäche. Sie gilt als ein sozial störendes Versagen, das Kluft, Distanz und Trennung schafft. Sie gefährdet das gemeinsame Projekt, bringt den Betrieb durcheinander. So war es auch ursprünglich mit der „Sünde" und den „Sündern" gemeint. Zur Zeit Jesu verband sich damit im allgemeinen Bewusstsein noch ein destruktiver sozialer Effekt.

Es empfiehlt sich also, unter dem Stichwort „Sünder" einmal bei Jesus genauer hinzuschauen und hinzuhören. Da lässt sich ziemlich viel Stoff zur Nachdenklichkeit finden. Offenbar hatte man mit den Störenfrieden auch damals seine Mühe und Not. Unter anderem findet sich da folgende Erzählung zu einem der kapitaleren Fälle. Sein Name: Zachäus.

Dann kam er nach Jericho und ging durch die Stadt. Dort wohnte ein Mann namens Zachäus; er war der oberste Zollpächter und war sehr reich. Er wollte gerne sehen, wer dieser Jesus sei, doch die Menschenmenge versperrte ihm die Sicht; denn er war sehr klein. Darum lief er voraus und stieg auf einen Maulbeerfeigenbaum, um Jesus zu sehen, der dort vorbeikommen musste. Als Jesus an die Stelle kam, schaute er hinauf und sagte zu ihm: Zachäus, komm schnell herunter! Denn ich muss heute in deinem Haus zu Gast sein. Da stieg er schnell herunter und nahm Jesus freudig bei sich auf. Als die Leute das sahen, empörten sie sich und sagten: Er ist bei einem Sünder eingekehrt.

Zachäus aber wandte sich an den Herrn und sagte: Herr, die Hälfte meines Vermögens will ich den Armen geben, und wenn ich von jemandem zu viel gefordert habe, gebe ich ihm das Vierfache zurück. Da sagte Jesus zu ihm: Heute ist diesem Haus das Heil geschenkt worden, weil auch dieser Mann ein Sohn Abrahams ist. Denn der Menschensohn ist gekommen, um zu suchen und zu retten, was verloren ist.
Lukas 19, 1 - 10

Vorsicht: In Zachäus kann man sich leicht täuschen! Ein Zöllner ist heute Beamter, Staatsdiener, pensionsberechtigt, eine solide Partie, einer, der für Recht und Ordnung steht, ein ehrenwerter Mann, normalerweise jedenfalls, Zachäus war das nicht.

Die Erzählung schildert ihn als kleinwüchsig. So was erregt ein bisschen Mitleid. Dass er deshalb auf einen Baum klettert, um Jesus zu sehen, wirkt pfiffig. Und dass ihm die anderen drum herum den Verlauf des Geschehens nicht gönnen, kann ihm ein weiteres Plus verschaffen. Auf den ersten Blick gehört ihm unsere Sympathie.

Die hat er aber ganz und gar nicht verdient, jedenfalls nicht, wenn wir die Szene mit den Augen und Ohren seiner Zeitgenossen wahrnehmen. Für damalige Verhältnisse war Zachäus ein Problemfall, und was für einer. Er war geradezu ein Schandfleck auf der Weste des Volkes Gottes, ein Ärgernis erregender Mistkerl, ein notorischer Foulspieler von der übelsten Sorte.

Kapitale Regelverstöße waren es, die er sich seit langem schon zu Schulden hatte kommen lassen und sozusagen täglich neu zu Schulden kommen ließ: Zum einen war er Kollaborateur. Er arbeitete mit der verhassten römischen Besatzungsmacht zusammen, die damals das Vergaberecht über die Zollstationen auf dem Boden Israels hatte. Schon damit hatte er sich ins Abseits der Gemeinschaft gestellt.

Noch weiter ins soziale Aus hatte ihn sein Reichtum gebracht. Wenn Zöllner damals reich waren, dann waren sie es nicht aufgrund ehrlicher Arbeit, sondern aufgrund zig-fachen Diebstahls oder Raubes in Tateinheit mit Erpressung. Das damalige Zollwesen erlaubte es, nach Lust und Laune die Grenzgänger abzukassieren und auszunehmen.

Die römische Besatzungsmacht verpachtete die Zollstationen und erhob dafür einen Pachtzins. Die Zolltarife legte der Pächter nach Gutdünken und oft nach Willkür fest. Und nicht selten legte er auch noch den Daumen auf die Waage. Wer seinen Weg fortsetzen wollte, war von ihm abhängig. Wenn Zachäus „sehr reich war", dann heißt das: Viele waren Opfer seiner üblen Machenschaften geworden. Auch viele seiner Landsleute hatte er übervorteilt und betrogen.

Einer wie er hatte in seinem Volk keine Chance mehr, und nach dem Glauben der damaligen Zeit auch keine mehr bei Gott. Nach jüdischen Vorstellungen hätte Zachäus nämlich Wiedergutmachung des angerichteten Schadens leisten und als eine Art Verzinsung noch einiges drauflegen müssen, um wieder zu Ansehen zu kommen und dazuzugehören.

Von Zöllnern glaubte man jedoch, sie könnten das niemals mehr schaffen, schon deshalb nicht, weil sie gar nicht mehr wüssten, wen sie alles geschädigt hatten. Folglich könnten sie auch die Voraussetzung für die Rehabilitation nicht mehr erbringen. Zöllner galten als auf ewig Verlorene. Im gesellschaftlichen Ansehen standen sie auf der Stufe der Zuhälter, Kredithaie und Großkriminellen.

Wenn Zachäus auf den Baum steigt, dann nimmt er die ihm zukommende gesellschaftliche Position ein. Kleingewachsene Menschen lässt man bei Spektakeln gern nach vorn, damit sie mehr sehen. Doch Zachäus konnte sich unmöglich in der Menge am Straßenrand aufhalten. Er wäre dort nicht geduldet worden, und das nach den damals gängigen Maßstäben zu Recht. Mit seinen notorischen Fouls hatte er sich völlig ins Abseits gespielt, vorsätzlich, nicht fahrlässig.

Nicht mal im Traum hat er sich ausgemalt, was ihm an diesem Tag zuteil werden sollte. Pure Neugier führt ihn zum Spektakel und auf den Baum, nicht Reue, Umkehr und Hoffnung auf Rehabilitation. Wie all die andern will er einmal Jesus sehen. Gehört hatte er schon viel von ihm.

Nein, bei seiner Vorgeschichte hat er niemals damit rechnen können, dass Jesus von ihm überhaupt Notiz nehmen könnte, und wenn doch, dann allenfalls mit massiv erhobenem Zeigefinger, mit klaren, deutlichen Worten, der roten Karte sozusagen. So wie man es halt bei Foulspielern handhabt.

Was dann ablief, stellt alle Erwartungen auf den Kopf. Jesus überrascht den Übeltäter völlig. Der Hochangesehene schaut zum allseits Geächteten auf. Er sieht Zachäus an, nicht an ihm vorbei. Er spricht ihn an und übergeht ihn nicht wortlos. Ja, er lädt sich gar bei ihm ein, so, als ob Jesus den störenden Nichtsnutz braucht.

Für die Augen- und Ohrenzeugen des Geschehens ist das ein Skandal. So darf man nicht mit den Störenfrieden des Betriebs umgehen, so nicht. Ihnen auch noch mit Zuvorkommenheit begegnen, mit zuvorkommendem Ansehen, zuvorkommender Anrede, zuvorkommendem Wunsch nach Kontakt und Nähe, und das auch noch im Haus des Sünders - wo kommen wir denn da hin?!

Wenn Jesus wenigstens noch Vorbedingungen gestellt hätte: Zachäus, falls du ..., dann ..., aber nichts dergleichen. Bedingungslos unbedingt geht er auf den Quertreiber im Volk Gottes zu und gibt ihm die Ehre. Das geht den Umstehenden entschieden zu weit. Sie sind erbost.

Was sich im Haus des Zachäus abgespielt hat, erfahren wir nicht. Aber wir können es erahnen. Wenn Jesus Zachäus mal ordentlich den Kopf gewaschen und die Leviten gelesen hätte, dann wäre Zachäus eher bedröppelt als überschwenglich aus der Begegnung rausgegangen. Es muss anders gelaufen sein, ganz anders.

Jesus muss ihn geradezu außer Rand und Band gebracht haben. Zachäus verspricht, was er, nüchtern betrachtet, gar nicht halten kann. Aber so ist das, wenn Sünder die zuvorkommende bedingungslose Güte und Menschenfreundlichkeit Gottes erfahren. Sie geraten außer sich vor Glück und Dankbarkeit. Zurechtweisungen, Vorhaltungen, Ermahnungen, Warnungen, Drohungen und Ultimaten schaffen das nie.

Zachäus hat erlebt, was er aufgrund seines Versagens zuvor niemals erlebt hatte. Jesus hat ihn nicht auf seine ständigen Fouls festgelegt und als üblen, bösen, asozialen Hund behandelt, den man meidet wie die Pest. Ganz normal hat sich Jesus mit ihm unterhalten, unvoreingenommen, von Mensch zu Mensch. Ohne jeden Vorbehalt hat er ihm Zusammengehörigkeit signalisiert, ihm Zeit, Achtung, Nähe und Wertschätzung geschenkt. Das schließt Zachäus auf und bekehrt ihn. Weil Jesus das Abseits aufhebt, findet Zachäus in sein Volk zurück.

Ende der Szene damals in Jericho, zurück ins Hier und Heute: Wir sind natürlich nicht Jesus und wir werden ihn nie erreichen. Andererseits haben unsere Problemfälle kaum das Kaliber des Zachäus. Auch sonst mag im Vergleich manches hinken. Aber lässt sich die Geschichte deshalb als irrelevant fürs Management in kirchlichen Unternehmen und Gemeinschaften abtun?

Sie könnte doch allen auf einer Leitungsposition eine Menge Fragen stellen, beispielsweise die: Wie halte ich es mit den Problemfällen in meinem Zuständigkeitsbereich? Meide, schneide ich sie? Gehe ich vorbehaltlos wertschätzend auf sie zu? Sehe ich in ihnen das Kind Gottes, das sie sind, wie ich es bin? Worüber kommuniziere ich mit ihnen? Welche Ehre erweise ich ihnen? Welche könnte ich ihnen einmal erweisen? Wie könnte ich sie aus dem Abseits holen? Überhaupt: Wer ist mein Zachäus?

Die Szene könnte Management auch lehren: Das Rechte ist nicht immer das, was die große Mehrheit meint und will, jedenfalls das christlich Richtige, das von Gott her

Richtige. Der Umgang mit schwierigen Fällen darf nicht zur Frage des großen Beifalls werden. Die Integration der Störenfriede und Quertreiber kann unbeliebt machen und Sympathien kosten.

Es könnte aber auch eine Geschichte sein, die zur Vorsicht mahnt, unbedacht auf die Karte von Kritik- und Konfliktgesprächen zu setzen. Bei manchen Problemfällen verschlimmbessert derlei nur. Sie brauchen den Arm um die Schulter, nicht die Klärung der unterschiedlichen Positionen, Interessen, Anschauungen.

Die Szene könnte darüber hinaus zu einer wichtigen Differenzierung anregen, nämlich zur Differenzierung zwischen den schwierigen Fällen im Unternehmen, zwischen denen, die um ihr Versagen wissen, und denen, die Foul spielen und sich dessen gar nicht bewusst sind, die den Betrieb ziemlich stören und sich für ziemlich in Ordnung halten.

Solche Foulspieler mit reinem Gewissen gab es damals auch in Jericho und Umgebung, besonders unter den frommen ehrenwerten Kreisen, den Pharisäern und Schriftgelehrten. Mit ihnen ging Jesus anders um. Ihnen gegenüber greift er öfters - ohne Wenn und Aber - zum klaren Wort, das ihr Unrecht aufdeckt. Diesen Problemfällen kommt er als prophetischer Kritiker. Aber das ist ein anderes Kapitel.

Zachäus gehört zur Kategorie der wissentlichen Foulspieler. Ihm ist bewusst, was er tut und welchen Schaden er anrichtet. So einer braucht keine Zurechtweisung, schon gar keine oberlehrerhafte. Sie würde wie Gift und Galle wirken. Einer wie er braucht den Mitmenschen, den Bruder im Menschen, den ganz normalen Kontakt mit ein bisschen Vorschuss an Wohlwollen und dem Gespräch übers Wetter, den Fußball, den Urlaub, die Familie.

Wie der Himmel auf die Erde kommt

Über die Veränderung von Unternehmskultur

Management kann Zustände entweder nur verwalten oder aber, wenn sie sich als unbefriedigend oder gefährlich erweisen, zu ändern suchen. Letzteres ist heutzutage ziemlich angesagt, weil allseits gefordert, aber bekanntlich nicht einfach. Denn genau genommen setzt die Änderung der Zustände die Änderung der Menschen voraus, die die Zustände mit ihrem Verhalten produzieren. Und mit der Änderung von Menschen ist das ein ganz eigen Ding.

Wir können nämlich andere gar nicht ändern, bei noch so gutem Willen und noch so großer Anstrengung nicht, wenn die sich verweigern. Nicht einmal Zwang schafft das. Wir können ihnen immer nur andere Sichtweisen anbieten und so Anstöße zum Nachdenken geben.

Enttäuschung lauert deshalb auf ein Management, das Zustände nicht nur verwalten will. Wenn man in ihre

Fänge gerät, impft sie Ermüdung, Resignation, Verbitterung oder Agressivität ein, alles keine guten, hilfreichen Begleiter für Leitung, die Veränderung anzielt.

Leitung muss jedoch nicht ihr Opfer werden, nicht zwangsläufig. Sie kann der Enttäuschung und ihren üblen Folgen entkommen. Wie? Meine Empfehlung: mittels gesunder „Augen", mittels der richtigen „Optik" dafür, wie das Andere, Bessere, das Angezielte entsteht und kommt, und wie nicht. Enttäuschungen resultieren vorwiegend aus falschen Vorstellungen und Erwartungen.

Ein bewährtes Heilmittel zur Gesunderhaltung unserer „Augen" für den Veränderungsprozess von Zuständen, die nicht sind, wie sie sein sollen, steht seit bald 2000 Jahren zur Verfügung. Es ist verpackt in vier biblischen Gleichnissen. Ihr Serum gegen Frust in Leitungsposition - aber nicht nur in Leitungsposition - entfalten sie allerdings wohl nur bei längerem und häufigerem Reinhören.

Auch Jesus, ihr Autor, hat die Erfahrung machen müssen: Es läuft nicht wie gewünscht. Sein Einsatz für bessere Verhältnisse hatte keineswegs Erfolg über Erfolg. Mit der angezielten Änderung der Zustände ging es nur zäh voran, ja eigentlich war davon wenig zu sehen. Am Anfang, ja, da ließ sich seine Sache gut an. Aber nach einem kurzen „galiläischen Frühling", in dem die Leute ihn zum König machen wollten, kam sie ins Stocken.

Die eigene Familie verstand ihn nicht. In den führenden Kreisen des Volkes formierte sich Widerstand gegen ihn. Und auch seine eigenen Schüler und Schülerinnen erwiesen sich als nicht sonderlich lernfähig.

Vermutlich kam aus der Klasse um ihn sogar öfter der Ruf, doch bitte einen Zahn zuzulegen, damit das Reich Gottes schneller hereinbreche. Gut vorstellbar, dass einige Jünger damit liebäugelten, die Strategie zu wechseln und es mit Gewalt zu versuchen, der Gewalt der Waffen, statt der Kraft der Worte. Sie waren schließlich nicht nur aus purem Idealismus eingestiegen. Sie hatten durchaus auch ihre Karriereinteressen. Und nun brauten sich schon dunkle Wolken über dem jungen Unternehmen zusammen.

Anzunehmen, dass Jesus die Lage bei seinen nächtlichen Rückzügen in die Stille lange durchgebetet hat, und dass sich dabei die Gleichnisse formten, die ihm und seiner Umgebung helfen sollten, mit der Erfahrung des ausbleibenden Erfolges fertig zu werden. Sie können auch heute allen die Augen richten, die sich für bessere, menschlichere, gerechtere Verhältnisse und Zustände einsetzen.
Jesus greift in diesen Gleichnissen auf vertraute Vorgänge im Alltag seiner Zuhörer zurück. Alle Gleichnisse handeln vom Geschehen zwischen Aussaat und Ernte, setzen aber jeweils einen anderen Akzent. Konzentrieren wir uns nur einmal auf das erste der vier:

Hört! Ein Sämann ging aufs Feld, um zu säen. Als er säte, fiel ein Teil der Körner auf den Weg, und die Vögel kamen und fraßen sie. Ein anderer Teil fiel auf felsigen Boden, wo es nur wenig Erde gab, und ging sofort auf, weil das Erdreich nicht tief war; als aber die Sonne hochstieg, wurde die Saat versengt und verdorrte, weil sie keine Wurzeln hatte. Wieder ein anderer Teil fiel in die Dornen, und die Dornen wuchsen und erstickten die Saat, und sie brachte keine Frucht. Ein anderer Teil schließlich fiel auf guten Boden und brachte Frucht; die Saat ging auf und wuchs empor und trug dreißigfach, ja sechzigfach und hundertfach. Und Jesus sprach: Wer Ohren hat zum Hören, der höre!

Markus 4, 3 - 9

Was können nun Leitende, die Ohren zum Hören haben, bei diesem Gleichnis hören?

Dies beispielsweise: Es sieht nach der Aussaat guter Gedanken und Vorschläge, Ideen und Überlegungen, Ermahnungen und Appelle nur wie vergeblich aus. Nach einiger Zeit, zu guter Letzt, erweist sich das Bemühen als nicht fruchtlos, ganz im Gegenteil. Das könnten Leitende hören, wenn sie hören.

Oder: Es ist ganz normal, gehört einfach dazu, dass es

nicht wie geschmiert läuft, dass es Rückschläge gibt, dass manches nicht ankommt, dass sich auch Widerstand und Ablehnung formieren. So ist es nun mal. Aber Grund zur Beunruhigung ist das nicht. Es gibt ein „Schließlich".

Hört, ihr auf den Leitungspositionen! Rechnet mit hartem, steinigem Boden bei euren Versuchen, der Organisation mehr Leben, neuen Geist, deutlicheres Profil, bessere Qualität einzuhauchen. Rechnet mit Strohfeuer-Begeisterung für eure Inspirationen. Und rechnet mit manchem, was eurem Bemühen in die Quere kommt. Aber lasst euch davon nicht irritieren. Es kommt der Tag, da fruchtet es überreichlich.

Schaut auf den Sämann. Er tut, was er kann und so gut er es kann. Er tut es in Zuversicht. Er weiß um die Widrigkeiten für die Saat. Er kennt aber auch die Gesetzmäßigkeiten der Natur. Und die versprechen trotz allem ein Happy End.

Schaut auf den Sämann. Er sortiert nicht, er geizt nicht, er verbringt auch keine schlaflosen Nächte darüber, wo er wie viel . . . , bei wem er eventuell . . . , wie er den oder jene . . . Er streut einfach aus, was er hat. Wer den Samen der Menschlichkeit auf seinem Acker - ob Pfarrgemeinde, Krankenhaus St. XY oder Gemeinschaft der Schwestern vom Hl. . . . . - aussät, wird Menschlichkeit ernten.

Hört, ihr auf den Leitungspositionen kirchlicher Unternehmen! Sämänner und Säfrauen seid ihr, wie ich es war, bin und bleiben werde. Euch ergeht es nicht anders als mir. Fixiert euch nicht auf den Erfolg, schaut darauf, den guten Samen auf den Acker eines Betriebes zu bringen, Samen von meiner Denkart,

- dass alle im Unternehmen, der Gemeinde oder der Kongregation Kinder des „Vaters im Himmel" sind
- dass darum alle untereinander als Geschwister zu gelten haben, ungeachtet aller Unterschiede
- dass die gering Angesehenen und Notleidenden Gott besonders am Herzen liegen
- dass niemand aus seiner Liebe jemals herausfällt, auch nach noch so vielen und schweren Fehlern nicht
- dass ins Vaterhaus heimgeht, wer stirbt
- dass . . .

Bringt diesen Samen ein, indem ihr ihn lebt, so gut ihr könnt. Und bringt ihn ein in euren Reden und Gesprächen. Und alles andere wird euch nach einiger Zeit dazugegeben.

Denn hinter diesem Samen steht der ICH-BIN-DA mit all seiner Kraft und Leidenschaft. Er wird ihn nicht verkommen lassen. Er wird dafür sorgen, dass er keimt, wächst, reift und schließlich zum Ertrag führt, - nach seinen Plänen.

Sät auf den Acker eures Unternehmens, eurer Gemein-

schaft, eures Verbandes, eurer Abteilung, eurer Station.
- dass Gottes Wille auf Volk zielt, „sein" Volk
- dass er dieses Volk zum Ort der wahren Menschlichkeit machen will, wenn sich das Volk auf ihn einlässt
- dass es mit einigen wenigen anfängt, die sich von ihm anstecken lassen und zum Sauerteig werden
- dass es zuerst und hauptsächlich darauf ankommt, bei dem in die Schule zu gehen, den ihr euren „Herrn und Meister" nennt, bei mir, eurem Christus
- dass . . .

Auf die Aussaat des Samens Gottes kommt es an, nur darauf. Sät ihn großzügig, voller Realismus, dass er nicht nur guten Boden findet, und voller Zuversicht, dass es dennoch ein wunderbares „Schließlich" gibt. Sät, so gut ihr könnt. Das ist das Eure. Mehr ist euch nicht aufgetragen. Für den Erfolg zu sorgen, dafür seid ihr nicht zuständig. Aber bitte sät. Nur wer die himmlischen Zustände, Verhältnisse, Qualitäten sät, kann sie auch ernten.

Und noch eine zweite schöne Melodie könnte erklingen hören, wer als Führungkraft im Volk Gottes seine Ohren für das Sämanngleichnis benutzt. Bezogen auf die Verbesserung der eigenen Schwächen, auf die Entwicklung der eigenen Bereitschaften, Fähigkeiten und Qualitäten fürs spezifisch christliche Managen könnten Führungskräfte Jesu Worte hören - so ungefähr:

Hör, Leitende(r) im kirchlichen Unternehmen oder Verband, in der Pfarrgemeinde oder Ordenskongregation! Du bist nicht nur Sämann oder Säfrau in meinem Dienst. Du bist auch mein Acker, auf den ich, dein Herr und Meister, dein Chef, gesät habe und säe, bei vielen Gelegenheiten, auch ein bisschen mit meinen Worten und den Erzählungen von mir in diesem Buch.

Wie das Feld in meinem Gleichnis bist du. Du hast harte felsige Teile, mit manchen tief in deine Seele eingesickerten festen Vorstellungen und Leitbildern von „kirchlich" und „Management", die man dir ansozialisiert hat, die aber gar nicht immer die meinen sind.

Auch meinem Samen wird es bei dir nicht anders ergehen: Der Alltag mit seiner Hektik und seinen vielen Problemen wird dich wieder einholen. Und er wird manche meiner Anstöße und Anregungen, Zusagen und Verheißungen auffressen und verdorren. So ist es, so läuft es auch bei dir.

Aber das muss dich nicht irritieren. Darüber musst du nicht traurig sein. Und dafür musst du dich auch nicht schämen. Auch für dich, in deiner Einstellung und deinem Verständnis von deiner Aufgabe und deiner Position in meinem Unternehmen, gibt es das „Schließlich": Du wirst lernen.

Es wird klein anfangen. Und du wirst nicht von heute

auf morgen die großen Früchte in deinem Verhalten, deinen Äußerungen und im Profil und der Atmosphäre des „Hauses" sehen, das du in meinem Sinn führen und leiten sollst. Aber ein Teil meines in dich gesäten Samens wird - nach meinen Plänen - aufgehen und keimen, wachsen und reifen. Du wirst reiche Frucht bringen.

Krampf dich nicht ab. Arbeite nicht mit verkniffenen Augen und zusammengebissenen Zähnen an der Vervollkommnung deiner Leitungskompetenz. Bleib einfach dran an meinen heiligen Schriften. Komm, geh weiter in meine Schule. Beschäftige dich nicht nur mit deinen Fachzeitschriften, studier auch meine Sache, mein großes Projekt Israel und mein Evangelium. Lass mich einfach weiter dein Lehrer und Meister sein, dich in Sachen Management weiterhin himmlisch erleuchten.

Nein, übernimm dich nicht mit „ich muss jetzt...", „darf nicht mehr...", „soll in Zukunft..." Lern mich einfach noch mehr kennen, hörend, was ich sage, schauend, was ich tu, fragend, was ich meine und will.

Und alles andere wird dir dazugegeben werden!